조용한 대공황

조용한 대공황
앞으로 20년, 저성장 시대에서 살아남기

초판 1쇄 펴낸날 2013년 9월 11일 | 초판 2쇄 펴낸날 2013년 10월 10일

지은이 시바야마 게이타 | 옮긴이 전형배
펴낸이 한성봉 | 편집주간 박현경 | 편집 김종립·안상준
디자인 김숙희 | 마케팅 이요한 | 경영지원 홍운선·이주희
펴낸곳 도서출판 동아시아 | 등록 1998년 3월 5일 제301-2008-043호
주소 서울시 중구 남산동 2가 18-9번지
홈페이지 www.EastAsiaBooks.com | 블로그 blog.naver.com/dongasia1998
페이스북 www.facebook.com/dongasiabooks | 트위터 www.twitter.com/dongasiabooks
전자우편 dongasiabook@naver.com | 전화 02) 757-9724, 5 | 팩스 02) 757-9726

ISBN 978-89-6262-073-3 03320

잘못된 책은 구입하신 서점에서 바꿔드립니다.

조용한 대공황

앞으로 20년,
저성장 시대에서 살아남기

시바야마 게이타 지음 | **전형배** 옮김

동아시아

이 책을 출판한 지 1년이 지났지만, 이 책에서 밝힌 나의 견해는 변함이

없다. 일본에서는 아베노믹스2012년 12월 취임한 아베 신조 일본 총리가 오랫동안 지속된 디플

레이션과 엔고 탈출을 위해 모든 수단을 동원하겠다는 정책·옮긴이에 따른 엔저円低와 주가급등

이 화제로 떠올랐지만, 이 방편은 그리 오래 지속되지는 않을 것이다. 일본

경제의 병은 금융 완화라는 대증요법만을 동원해 치료할 수 있을 정도로 가

볍지 않기 때문이다.

　세계화가 대단히 진전된 오늘날, 한 나라의 금융 정책만으로 이룰 수 있

는 성과는 한정적이다. 이 책에서 서술한 양극화 사회 혹은 통화전쟁에 대

한 우려는 앞으로도 더욱 심화될 것이다. 성급한 경제회복을 노리면 노릴

수록 세계화에 따른 국내의 분열 또는 국가 간의 대립만이 더더욱 강렬해질

것이다.

　이것은 일본만이 처한 현실이 아니다. 한국은 1997년 IMF 외환위기를 계

기로 적극적인 세계화 정책을 추진해왔다. 정부가 수출을 뒷받침했을 뿐만

아니라, 적극적인 외국 자본의 도입을 꾀했다. 그렇지만 이를 통해 얻은 번영은 결코 오래 지속되지 않을 것이다. 앞으로 세계적인 수요 감소와 디레버리지의 파도가 연거푸 한국에 닥쳐올 것으로 예상되기 때문이다.

한국의 높은 가계부채는 앞으로 심각한 문제를 불러일으킬 가능성이 있다. 계속 확대된 소득 격차와 지역 간 격차를 줄이기에는 한국 정부의 지출 규모가 너무 작다. 통화 가치의 급격한 변동에 따라 글로벌 기업의 실적이 오락가락하는 불안정한 경제 상태도 계속될 것이다. 일본 이상으로 무역 의존도와 시장 개방도가 높은 한국은 글로벌 경제의 혼란으로 발생하는 악영향을 일본 이상으로 고스란히 뒤집어쓰게 되어 있다.

이렇게 말하면 곧바로 강한 반발을 불러일으킬지도 모르겠다. 그렇다면 도대체 어떤 선택이 가능하단 말인가? 세계화는 이제 비껴갈 수 없는 역사의 필연이다. 세계화의 파도에 올라타 경제 개방을 추진하고, 해외에서 시장을 개척하는 것 말고 국가가 살아남을 길이 없지 않는가라는 반론이 나올 것이다.

이런 의견은 일본에서도 재계를 중심으로 널리 퍼져 있다. 일본인은 — 필시 한국인도 마찬가지겠지만 — 자국의 문화가 폐쇄적이라고 믿기 때문에 세계화된 세계에 더욱 적극적으로 적응해야 한다는 국내외의 주장에 약하다. 경제학자는 자유무역을 요구하며, 경제를 더욱 개방하지 않으면 일본의 미래는 없다고 반복적으로 주장한다.

정말 그럴까? 이 책에서 나는 세계화가 역사의 필연이라는 널리 퍼진 통념에 대해 쐐기를 박는 몇 가지 문제를 제기했다. 먼저 역사를 바르게 되돌아보면, 세계화한 세계에 대해 전혀 다른 미래상을 예견할 수 있다. 또 경제 지표만을 보는 게 아니라 국내 정치와 국제 정치의 커다란 흐름을 함께 살펴보면, 국가가 직면하는 위기가 단순한 불경기가 아닌 매우 복합적인 것임을 알 수 있다. 지금처럼 변화가 극심하여 불안정한 시대에는 해결책을 성급히 찾기 십상이다. 그러나 위기의 진짜 원인을 알지 못하면 유효한 해결책도 찾을 수 없다. 의학에 빗대어 말한다면 처방전을 서둘러 끊기 전에 병의 원인을 올바르게 진단할 필요가 있다. 잘못된 진단에는 잘못된 처방 밖에 나올 수 없기 때문이다.

리먼 브라더스 사태 뒤 세계 경제의 혼란으로 명백해진 것은 1980년대부터 금과옥조로 여긴 신자유주의의 처방이 위기를 해소하는 게 아니라 오히려 증폭시키고 있다는 사실이었다. 그렇다면 앞으로 어떤 사상과 아이디어가 필요할까? 여기에 21세기를 맞이한 우리가 공통적으로 맞닥뜨려야 할 참된 과제가 놓여 있다.

한국과 일본, 중국을 포함한 동아시아는 지금까지 세계화의 파도를 타고 경제를 성장시켜 왔다. 관점을 바꾸어 말한다면 이제부터 본격화할 글로벌 경제의 혼란에 가장 심하게 휘둘릴 지역이 동아시아라는 것이기도 하다. 그러나 나는 비관하고 있지 않다. 21세기의 새로운 현실에 가장 앞서 맞닥뜨린 곳이기 때문에 위기를 극복할 새로운 사상 혹은 아이디어가 탄생할 것이기 때문이다. 이를 위해서라도 가장 먼저 세계화에 대한 안이한 낙관론을 버려야 한다.

『조용한 대공황』의 한국어판으로 한국의 독자들에게 읽힐 기회를 얻어 기쁘다. 일본을 염두에 두고 쓴 이 책을 한국의 독자들이 읽으며, 마치 한국에 해당되는 이야기가 아닌가 하고 느낀다면, 두 나라의 거리가 그다지 멀지 않다는 뜻이기도 하다. 한국의 독자들이 이 책에서 다가올 시대를 개척해 나아가는 힌트를 얻는다면, 지은이로서 더할 나위 없이 행복하겠다.

2013년 8월

시바야마 게이타

목차

한국어판 서문 ·4
들어가는 말 ·10

| 제1장 | 조용한 대공황에 돌입했다 ·················· 13

파악하기 어려운 위기의 본질 | 난기류에 휩싸인 글로벌 경제 | 국경을 뛰어넘어 잇따라 번지는 충격파 | 조용한 대공황 | 전후 최대의 버블 붕괴 | 위험한 재분배 정책에 따라 형성된 거대 버블 | 스톡 경제가 버블을 더더욱 키웠다 | 세계화로 세계 경제가 취약해져 | 시스템 리스크로 위협받는 세계 경제 | 사전에 대책을 취하기란 불가능 | 신자유주의적인 사후 구제 | 미국과 유럽의 금융 완화가 초래하는 마이너스 작용 | 세계화와 자유화는 역사의 필연이 아니다

| 제2장 | 세계화는 평화와 번영을 보장하는가? ···· 37

제1차 세계화가 한창일 때 세계대전이 시작되었다 | 세계화는 영원히 계속되지 않는다 | 상품·돈·사람이 활발히 이동한 제1차 세계화 시대 | 신자유주의 사상은 과거 시대사조의 판박이 | 자본주의 평화론 | 세계화의 귀결로서의 세계대전 | 세계화로 불안정해진 20세기 초의 유럽 | 탈세계화로 급반전 | 제2차 세계화의 귀결은? | 금융 완화와 통화 절하 | 높아만 가는 지정학적 리스크 | 케인즈의 경고

| 제3장 | 경제전쟁의 결말은? ·················· 59

통화전쟁의 발발 | 제2차 세계대전의 서곡이 된 통화전쟁 | 케인즈 이전의 세계로 돌아가고 있다 | 깊어만 가는 선진국과 신흥국의 대립 | 미국과 중국의 경제 마찰 | 문제의 근원은 글로벌 임밸런스 | 달러 약세로 무역 불균형은 시정할 수 없다 | 통화의 평가 절하로 산업 공동화는 막을 수 없다 | 패권국 부재라는 불행 | 팍스 아메리카나의 종언? | 빗나간 프랜시스 후쿠야마의 예측 | 정부가 지도하는 '국가' 자본주의 | '개발독재' 모델과 다른 국가자본주의 | 현대판 중상주의 | 국민을 행복하게 해주지 않는 중상주의 – 애덤 스미스의 비판 | 정부의 관여가 강화된 미국 | 자본주의는 모두 본질적으로 국가자본주의 | 충격에 취약한 신흥국 | 국가의 내부 붕괴 시나리오 | 선진국에서도 진전되는 사회 해체 | 불안정해져가는 자본주의 | 실업은 '자기 책임'인가? | 세계화는 '커다란 정부'로 귀결 | 격차가 국가를 망친다 | 지향해야 할 목표는 국민자본주의

| 제 4 장 | 지나친 세계화가 불러오는 보호주의 ······ 97

자유무역 VS 국내 정치 | 국내의 민주정치와 글로벌 시장의 긴장 관계 | 세계화의 세 가지 미래 | 글로벌리즘이 아니라 국제주의를 | 새로운 브레튼우즈 체제는 곤란 | 폴라니의 『거대한 전환』 | 사회의 자기 방어 | 국가에 의한 시장 제어 | 자유화야말로 강요 | 보호주의의 대두 | 날로 교묘해지는 보호주의 | 경제의 재국민화를 해야

| 제 5 장 | 국가와 자본주의, 그 불가분의 관계 ········121

왜 위기는 반복되는가? | 자본주의란 무엇인가? | 불확실성을 중시한 케인즈 | 자본주의의 본질은 차입경제 | 민스키의 금융 불안정성 가설 | 왜 전후에 공황이 일어나지 않았을까? | 자본주의는 버블로 성장한다 | 자본주의의 안정은 자연적으로 실현되지 않는다 | 안정성을 담보하는 주체는 국가 | 국채의 발명 | 국가와 자본주의는 함께 진화해왔다 | 국가와 자본주의가 분리할 때 벌어지는 상황 | 자본의 완만한 도피 | 보호주의에서 국제적인 자본 관리로

| 제 6 장 | 일본 경제의 병리를 진단한다 ·················147

저성장만이 문제인 것일까? | 높아만 가는 해외 의존 | 기업과 국민 경제의 이익 불일치 | 취약해진 일본 경제 | 국내 대립의 격화 | 대도시와 지방의 대립 | '작은 정부'가 대립을 가속화한다 | 세계화는 정부를 키운다 | 균형을 잃어버린 국가 | 평시의 사상, 위기의 사상 | 세계화는 복지국가로 귀착된다

| 제 7 장 | 공황 이후의 세계에서 살아남기 ··············169

두 번째 '탈세계화'가 찾아온다 | 경착륙을 피하기 위하여 | 앞으로 필요한 것은 공정과 안정 | 자본주의는 끝나지 않는다 | '투자의 사회화' | 자본 개념의 확장

후기 · 182   해설 · 185
주 · 189   주요 참고문헌 · 195

들어가는
말

세계 경제가 난기류에 휩싸였다. 미국은 앞날을 예측하기 어려운 경제 침체에서 벗어나지 못하고, 유럽 채무 위기는 유로존Eurozone을 뒤흔들고 있다. 중국 등 신흥국의 성장에도 급브레이크가 걸렸다.

이런 세계 경제의 혼란은 왜 벌어지는 것일까?

냉전이 끝나고 세계의 거의 모든 국가들이 자본주의로 진입한 1990년대부터 각국의 무역이 확대되고, 국경을 넘어선 돈의 움직임이 활발해졌다. 이에 발맞춰 미국을 중심으로 각국의 정치권에서 무역과 금융의 자유화를 추진해왔다.

21세기 초에 닥친 일련의 위기는 명실상부하게 이런 세계화의 와중에 일어났다. 세계화가 모자랐기 때문에 일어난 것이 아니다. 세계화가 진전된, 바로 그 이유 때문에 일어난 위기인 것이다. 세계 경제의 혼란이 계속되면 그 영향이 각국의 정치, 또는 국제 관계로 뻗어 나간다. 채무 삭감을 둘러싸고 그리스에서 민중의 불만이 폭발한 것은 아직도 기억에 새롭다. 독일과 남유럽 국가들의 대립에서 보이는 것처럼, 국가 간의 견해차도 두드러진다.

이것은 유로존만의 문제가 아니다. 2008년 이후 전 세계 어느 국가나 비슷한 국내 정치의 대립 혹은 국가 간의 긴장을 겪고 있기 때문이다. 마치 과거 30년대의 대공황 시대와 유사한 경제, 정치, 사회의 혼란이 조용히, 그러나 확실하게 퍼져나가고 있다.

일본은 지금까지 오래도록 지속된 경제 침체를 벗어나기 위한 방법으로 무역과 해외 투자의 확대를 통해 활로를 모색해왔다. 덩달아 세계화는 역사의 필연이라는 주장이 널리 유포되고, 그 파도에 올라타는 것만이 일본 경제를 재생시켜줄 유일한 길이라고 여겨왔다. 그리고 이렇게 큰 위기에 휩싸인 지금도 이 생각에 그다지 변화가 없어 보인다. 신문에 실린 논조를 살펴봐도 세계화가 앞으로도 계속될 것이라는 견해를 근본적으로 뒤집는 주장은 찾아보기 어렵다.

그러나 정말 그렇게 보아도 좋을까? 2000년대 들어 전 세계로 확산된 버블이 붕괴한 뒤 앞으로 지금까지 일본이 겪어온 것처럼 '잃어버린 10년' 혹은 '잃어버린 20년'에 돌입하게 될지도 모르는 시대에, 세계 경제가 앞으로도 변함없이 오로지 세계화의 길로 나아가리라고 믿는 것은 너무도 안이한 태도가 아닐까?

2008년 이후 세계는 명백히 역사의 흐름이 바뀌고 있다. 적어도 지금까지 20년 동안 지속해온 흐름이 향후 20년 동안 지속될 것이라고 생각할 수는 없다. 그렇다면 앞으로 다가올 20년 동안 역사의 흐름은 어떻게 바뀌게 될까? 그것이 바로 이 책의 주제이다.

이런 큰 문제를 생각해보기 위해서는 폭넓은 식견이 필요하다. 이 책에서는 몇몇 전문 영역, 즉 경제학, 정치학, 역사학, 사상사에서 축적된 이론들을 살펴가면서 문제 제기를 할 것이다. 그렇게 하지 않으면 오늘날 우리가 겪는 위기의 전체적인 모습을 파악하기 어렵다고 보기 때문이다.

물론 미래가 어떻게 전개될지는 아무도 모른다. 각국의 위기 회피 노력이 열매를 맺어, 세계 경제가 입는 타격을 최소화할 가능성이 전혀 없다고는 할 수 없다. 그렇게 생각하면 이 책의 주장을 접한 뒤 눈살을 찌푸릴 독자가 있을지도 모르겠다.

그러나 그런 낙관적인 시나리오에 매달려서는 전혀 파악되지 않는 문제점도 있다. 이 책에서는 감히 또 하나의 시나리오, 즉 리스크 시나리오를 상정해보고자 한다. 그렇게 하면 세계화한 자본주의가 지금 떠안고 있는 문제의 본질이 뚜렷이 드러나게 될 것이기 때문이다. 그리고 이 책의 주장이 혹시 들어맞는다면, 일본이 나아갈 길을 지금까지와는 전혀 다른 각도에서 검토하게 될지도 모르는 일 아니겠는가?

제 1 장

—

조용한 대공황에
돌입했다

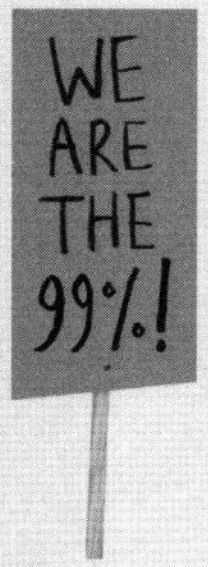
WE
ARE
THE
99%!

파악하기 어려운 위기의 본질

우선 이 책의 목적을 분명히 해두자. 이 책에서는 지금 한창 진행 중인 경제 위기에 대해 분석한다. 그러나 목표는 위기 뒤의 미래에 있다. 현재 진행되는 위기 속에서 세계의 모습은 어떻게 바뀔 것인가? 향후 10년, 20년 안에 닥칠 역사의 큰 변화에 대해 중장기적인 관점에서 생각해보자는 것이 이 책의 목적이다.

현재의 경제 위기를 몇 년 단위로 분석하는 책은 이미 많이 출판되어 있고, 앞으로도 많이 나올 것이다. 단기적으로는 짧은 동안의 호황 국면으로 전환하게 될지도 모른다.

그러나 장기적으로 10년에서 20년 뒤의 세계를 예견해보지 않는다면, 우리가 직면하고 있는 위기의 전체적인 모습을 이해할 수 없다. 앞으로 닥칠 상황은 일반적인 생각보다 훨씬 심각할 것이기 때문이다.

그러나 그런 관점에서 위기를 설명하고자 하면, 곧바로 세 가지 장벽에 가로막히게 된다.

첫 번째 장벽은 오늘날의 세계 경제 위기는 단순히 경기 순환에 따른 일시적인 침체에 불과하고, 장기적으로 보자면 세계 경제는 다시금 안정을 되찾는다는 관점이다. 이런 경향이 여전히 압도적 우세를 보이고 있다. 2008년의 리먼 브라더스 사태 당시 '이는 1000년에 한 번 찾아오는 위기'라며 법석이 일기도 했다. 그러나 그 뒤 각국이 체면 불고하고 내놓은 재정지출 확대와 금융 완화를 통해 간신히 80년 전에 겪은 세계 대공황의 재림은 막아냈다. 이리하여 당시 위기를 지나치게 과장하여 인식했다는 비판이 잇따르기도 했다.

그러나 내 생각은 다르다. 이것은 조용한 대공황이다. 이번에 닥쳐온 일련의 위기는 종래의 불황과는 명백히 다르며, 훨씬 거대한 임팩트를 지니고 있다고 생각해야 한다.

두 번째 장벽은 세계화와 자유화 끝에 국가 간의 대립이 심각해졌다는 과거의 교훈을 거의 망각하여 찾아보기가 어렵게 되었다는 점이다. 근본적으로 세계화는 최근에야 발생한 새로운 사건이 아니다. 역사적으로 몇 번씩이나 일어났던 일이며, 그때마다 실패로 끝났다.

구체적으로 말하자면 100년 전의 세계화는 두 차례의 세계대전으로 끝났다. 세계화 — 적어도 지금과 같은 모습으로 진행되는 세계화는 결코 안정된 미래를 약속해주지 못한다.

세 번째 장벽은 이번의 위기가 단순한 경제 위기로 그치지 않고 국내 정치의 위기를 동반하고 있는데도, 이 둘의 관계를 제대로 분석하지 않고 있다는 사실이다. 특히 선진국들은 지난 20년 동안 세계화 및 자유화로 국내 사회가 크게 혼란을 겪었다. 일본에서는 소득 격차의 확대와 대도시로의 인구 집중에 따른 지방 경제의 피폐화가 큰 문제로 떠올랐는데, 이는 비단 일본만의 현상이 아니다. 세계화한 오늘날 대부분의 국가가 필연적으로 겪고 있는 현상이다.

문제는 이러한 경제 사회 문제를 해결할 만한 정치력이 쇠약해지기 시작했다는 것이다. 오늘날 닥친 위기를 진단하기 위해서는 경제뿐만 아니라 정치와 사회, 그것들 사이의 관계에 대해서도 주목할 필요가 있다.

난기류에 휩싸인 글로벌 경제

이 장에서는 첫 번째 장벽부터 먼저 무너뜨려보고자 한다. 현대의 경제 위기는 단순한 경기 순환의 일시적 후퇴 국면이 아닐뿐더러, 세계화 과정에서 일어난 일시적인 파란으로 끝날 성질의 것도 아니다.

이번에 닥친 일련의 경제 위기는 2002년부터 2008년까지 계속된 세계적인 신용 버블이 꺼지면서 시작되었다. 당시 세계적으로 저금리가 지속된 데다 호경기로 접어든 미국과 유럽의 주력 금융기관들이 극단적으로 레버리지(leverage. '차입'을 뜻하는 금융계 용어로 저비용의 자금을 끌어와 고수익을 노리는 투자 기법을 가리킴·옮긴이)를 확대했기 때문에, 흘러넘치는 자금이 전 세계로 돌아다녔다. 그 결과 미국에서는 부동산 가격이 폭등하고, 세계화의 영향까지 겹쳐 전 세계로부터 자금이 몰려들었다. 유럽으로도 자금이 쏟아져 들어와 아일랜드와 스페인의 부동산 버블이 발생했고, 그리스와 이탈리아에서는 정부와 민간 모두 채무가 급격하게 증가했다. 그러다가 부풀대로 부푼 버블이 2008년의 리먼 브라더스 사태를 계기로 급격하게 붕괴하기 시작했다.

처음에는 미국의 상황이 가장 심각하다는 진단이 일반적이었다. 당연히 서브프라임 론subprime loan, 신용 등급이 낮은 저소득층을 상대로 한 주택담보대출제도·옮긴이 등의 무리한 대출과 이를 조장한 금융 기법에 대한 비판이 봇물 터지듯 쏟아져 나왔다. 그러나 그 얼마 뒤 충격의 강도로 볼 때 미국보다 유럽 쪽의 버블 붕괴가 훨씬 더 심각하다는 것이 드러나기 시작했다. 아일랜드와 스페인의 주택 가격 버블 붕괴는 유럽의 금융기관에 심각한 타격을 안겼다. 그리스와 이탈리아의 국가 채무 위기는 유로존 전체의 신용을 떨어뜨리고 있다. 이리하여 유럽에서 위기의 제2막이 시작되었다.

거기에다 이번 유럽 위기의 배경에는 유로존 내부의 '남북 격차' 문제가 도사리고 있어서 해결 방안을 찾기가 더 어려운 상황이다. 유로 도입 이후 환율이 고정되었기 때문에 독일 등 북유럽과 그리스 등 남유럽 사이의 경제력 격차가 한층 뚜렷해진 것이다.

그리스, 이탈리아, 스페인, 포르투갈 등 남유럽 4개국의 경상수지 적자는 경기가 좋았을 때는 그다지 문제가 되지 않았지만, 버블 붕괴의 여파에 따라 그 4개국 중에서도 경제력이 가장 약한 그리스가 먼저 위기에 봉착한 것이다.

변제할 능력이 없는 그리스의 재정 적자를 메꾸어주기 위해서는 유로존 전체의 재정 통합을 진전시켜 유럽 의회의 권한을 강화시키는 것밖에 방법이 없다. 그러나 국민국가의 틀을 뛰어넘는 정치 통합에 반대하는 목소리가 높아 추진하기가 만만치 않다.

그렇기 때문에 그리스 등 남유럽 4개국은 재정 적자를 줄이기 위해 세출을 삭감하지 않을 수 없는 상황이다. 즉, 일반적으로 경기 부양을 위한 공공사업 등의 재정지출 확대를 시행할 수 없기 때문에 경기가 회복되지 않고, 그렇게 되면 세수 증대가 이뤄지지 않고, 그럼으로써 채무 변제 능력은 더더욱 약화되는 악순환에 빠져들고 있다.

국경을 뛰어넘어 잇따라 번지는 충격파

여기서 또 다른 문제로 떠오르는 것이 유럽 금융기관이 대출해준 나라들이다. 세계적인 신용 버블에 올라타 유럽의 금융기관은 미국, 동유럽, 동아시아 등 전 세계에 과잉 융자를 해주었다. 그런데 상황이 바뀌어 대출을 축소해나가는 과정에서 다양한 문제가 발생할 것으로 예상된다. 실제로 유럽 금융기관이 자금 회수를 시작하자 동아시아의 여러 나라들에서도 부동산 가격이 하락하고 있다.[1] 유럽 위기가 심각해지면 필시 동아시아의 자산 디플레이션 현상이 더욱 악화될 것이다.

더하여 유럽에서의 경기 침체는 대유럽 수출 증대를 통해 급성장해온 중국 등 아시아 국가들의 실물경제에도 크게 영향을 미치게 될 것이다. 최근 10년 동안 일본이나 한국에서 생산한 고성능 부품을 중국에서 조립한 제품이 구미 지역으로 수출되는 이른바 '삼각무역' 구도가 정착되었다. 그러나 미국과 유럽의 경제 위기로 불황의 파도가 차츰 아시아에도 영향을 미치기 시작했다.

특히 중국에서는 미국의 리먼 브라더스 사태 이후 EU가 최대의 수출 시장으로 떠올라 있다. 수출 산업에 미치는 타격과 부동산 가격의 하락 등으로 지금부터 상당히 심각한 국면을 맞이하게 될 것이다. 물론 일본 또한 여기서 비껴가지 못할 것이다.

이처럼 전 세계 GDP의 절반을 차지하는 미국과 EU라는 거대 경제권에서 일어난 버블 붕괴는 그 외의 지역에도 다양한 형태로 영향을 미치고 있다. 두 개의 주력 엔진을 잃어버린 세계 경제는 대공황이 벌어진 20세기 전반과 매우 흡사한 난기류에 빠져들고 있는 것이다.

조용한 대공황

그러나 현대의 경제 위기를 '공황'이라고 부르는 데 대해서는 이론異論이 있을지도 모른다. 공황이란 문자 그대로 '두렵고 당황스러운' 패닉 상태, 구체적으로는 기업의 연쇄 도산이나 은행의 예금 인출 사태가 각지에서 마구 일어나는 등의 사태를 가리키는 것이 보통이다.

1929년에 시작된 세계적인 경제 위기는 말 그대로 '공황'이었다. 진원지였던 미국의 경제 붕괴는 엄청나서, 실업률이 25%를 넘어서고 GDP는 명목상 절반 가까이 곤두박질쳤다. 급격한 예금 인출 사태로 은행들이 연쇄 도산하고, 신용질서 또한 급격히 무너졌다. 세계 무역은 나선형으로 수축되고, 각국은 잇따라 금본위제를 포기하고 통화 평가 절하를 동원한 수출 확대이른바 근린 궁핍화 정책로 치달린 것은 세계사 교과서에 나와 있는 대로이다.

1930년대의 세계 대공황과 비교하면 리먼 브라더스 사태 후의 세계는 실로 조용해 보인다. 그러나 이런 심각한 경제 위기가 조용해 보이는 까닭은 2008년 이후 각국 정부가 완전히 체면을 가리지 않고 온갖 구제책을 적극적으로 동원했기 때문이다.

위기의 방아쇠를 당긴 미국에서는 AIGAmerican International Group Inc.와 BOABank of America 등 대형 금융기관의 구제, 경영 위기에 빠진 GMGeneral Motors에 대한 공적 자금 투입 등 전례 없는 규모의 개입으로 사태를 진정시키기 위해 안간힘을 썼다. 유럽에서도 합계 금액 1조 유로를 넘는 자금을 금융기관에 투입하고 있다2012년 5월 현재. 일본에서도 아소 타로麻生太郎, 제92대(2008년 9월~2009년 9월) 일본 총리·옮긴이 정권이 총액 75조 엔의 금융 및 재정 조치그 가운데 재정지출은 20조 엔를 취한 것이 기억에 새롭다.

즉, 전전의 대공황 시절과 비교해볼 때 경제 운영의 지혜가 쌓이고 정부 활동의 여지가 커졌기 때문에 과거와 같은 급격한 경제 붕괴는 피할 수 있었다고 여겨진다.

그러나 본질적으로는 대공황에 필적하는 위기 수준이라고 생각해야 한

[그림1] 미국 주택 가격 지수 추이(1890년을 100으로 함)

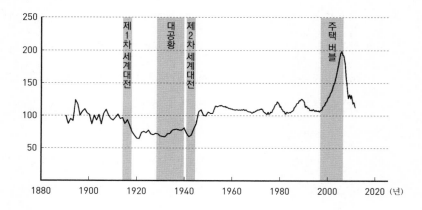

로버트 J. 실러 예일대 경제학과 교수 데이터http://www.econ.yale.edu/~shiller/data.htm를 토대로 작성.

다. 붕괴된 버블의 규모를 보아도 과거의 대공황 이전에 부풀었던 버블을 훨씬 웃돌기 때문이다.

전후 최대의 버블 붕괴

예컨대 이번 일련의 위기의 발단이 된 미국 주택 버블의 규모를 살펴보자. 미국 주택 가격의 장기 추이를 살펴보면, 2000년대의 주택 가격의 상승률은 전례 없는 규모였음을 알 수 있다[그림1].

이런 주택 가격의 비정상적인 상승을 살펴보기만 해도, 2008년을 정점으

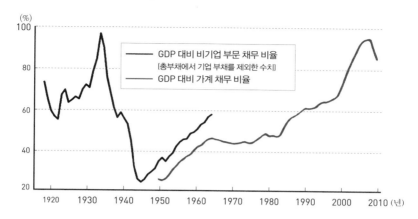

[그림2] 가계 부채의 GDP대비 비율

「자금의 흐름」, 『미국의 역사통계Historical Statistics of the United States』, 연방준비은행
IMF의 데이터를 토대로 작성. 연방준비은행(FRB)의 가계 부채 통계 작성은 1950년부터 이루어졌기 때문에,
20세기 전반기에 대해서는 근사치를 보여주는 수치(민간 부채)를 사용했다.

로 한 이번 버블이 미증유의 규모였음을 알 수 있다.

거대한 버블 붕괴는 어김없이 실물경제의 장기 침체를 불러온다. 90년
대 버블 붕괴 후의 일본을 떠올려보면 금세 알 수 있듯이, 부실채권을 잔
뜩 끌어안은 금융기관은 대출을 줄이고, 민간은 소비와 투자를 극도로 꺼
리게 된다. 경제 전반에 걸친 채무의 감축이 일어나는 이른바 '채무 디플레
이션' 현상이 일정 기간 동안 이어진다. 미국의 경우에도 그런 조정이 오래
도록 지속될 것이라고 예상된다.

[그림2]는 GDP와 견준 미국의 가계 채무 비율을 그래프로 정리한 것이
다. 채무 비율의 증대는 자본주의 경제하에서는 성장의 원동력이다. 제5장
에서 상세히 설명하겠지만, 자본주의 경제는 외부에서 끌어오는 차입을 통

한 투자와 소비로써 경제의 파이를 키운다. 그러나 변제 능력을 초과하는 채무는 반드시 조정 국면을 맞이하게 된다.

채무 비율이란 관점에서 살펴보면, 리먼 브라더스 사태 이전의 미국은 1920년대에 필적하는 채무 확대기에 있었다. 2008년부터 시작된 채무 감축은 향후 일정한 기간 동안 계속될 것이라고 봐야 한다. 즉, 버블기에 차입금을 늘려 소비와 투자를 행했다면, 이번에는 거꾸로 빚을 줄여 소비와 투자를 극도로 기피하게 된 것이다. 일본과 마찬가지로 '잃어버린 10년'을 체험할 가능성이 높고, 일본 정도의 수준에서 이번 위기가 수습된다면 오히려 다행이라고 주장하는 경제학자도 있다.[2]

1920년대와 마찬가지로, 또는 그 이상의 버블이 부풀어 있었음에도 불구하고 '두렵고 당황스러운' 패닉형 공황으로 발전하지 않은 까닭은 경제의 붕괴를 막기 위해 정부가 차입금을 동원하여 지출을 늘림으로써 수요를 계속 창출하고 있기 때문이다. 즉, 정부 채무는 앞으로도 지속적으로 늘어날 것이다. 그리고 급격한 경제 붕괴는 어떻게든 피한다 해도, 심각한 불황이 장기간 지속될 가능성이 대단히 높다. 그런 의미에서 현재 우리가 직면한 위기는 단순한 경기 후퇴recession가 아니라, 본질적인 면에서 역시 공황depression이라고 간주해야 할 것이다.

위험한 재분배 정책에 따라 형성된 거대 버블

그러면 왜 1920년대에 필적할 정도의 거대한 버블이 방치되어온 것일까? 미국의 경제학자인 라구람 고빈드 라잔Raghuram Govind Rajan에 따르면 그 배경에 재분배에 휘말린 정치의 실패가 있었다.[3]

미국에서는 1970년대부터 임금 격차가 급격하게 벌어졌다. 1975년부터 2005년에 걸쳐 소득 상위 10%의 임금은 하위 10%의 임금에 비해 65% 늘고, 이른바 하위층은 물론 중간층의 임금도 늘지 않아, 전체적으로 상위층의 소득만 올라가는 상황이 초래되었다.

이러한 계층 분리는 사회를 불안정하게 만든다. 향후 소득이 상승될 것이라는 기대감이 사라지면, 일단 하위로 떨어진 사람들이 사회에 대해 품는 불만이 심해지기 때문이다.

이를 바로잡는 수단은 세제와 소득재분배이다. 그런데 1970년대부터 미국의 연방의회는 이런 문제의 시정에 소극적인 태도를 취해왔다. 그 대신 주목한 것이 정부에 의한 융자 확대, 그중에서도 주택과 관련한 융자 확대였다. 미국의 국영 모기지 회사인 패니메이와 프레디맥 같은 공적 기관을 통해 정부가 주택 융자에 암묵적인 보증을 해줘, 특히 저소득층이 주택 대출에 접근하기 쉽도록 제도화한 것이다. 부시 정권이 '오너십 소사이어티Ownership Society' 주장을 내세운 2001년 이후에는 연방준비은행FRB의 저금리 정책과 맞물려 내 집 마련 붐을 선동하는 결과로 이어졌다.

이는 모두 교육과 복지의 재정립을 통한 중간층 육성이라는 번거로운 선택을 피하고, 손쉽게 저소득층에게 경제 성장의 과실을 배분하려 든 정치적 선택의 결과였다고 라잔은 지적한다.

이것은 미국의 주택 버블에 대한 분석이지만, 아마도 세계 각지에서 이와 비슷한 현상이 벌어지고 있다고 보아도 무방할 것이다. 격차 확대를 바로잡기 위해서는 엄청난 수고로움과 비용이 들고, 세금을 늘리려 할 경우 고소득층의 반발도 무릅써야 한다. 중간층의 육성에 힘을 쏟기보다 내 집 마련을 용이하게 해주는 편이 호경기가 지속되는 동안에는 훨씬 손쉬운 선택이 아닐 수 없다.

이러한 정치적 배경이 버블을 조장해버리고 말았다는 사실은 시사하는 바가 많다. 유럽이나 중국, 또는 일본에서도 부동산 가격의 상승을 정부가 묵인하곤 했던 것은 이러한 사회적 배경이 깔려 있기 때문이다. 이런 위험한 재분배 정책이 사상 최대의 버블을 생성한 하나의 요인이었다.

스톡 경제가 버블을 더더욱 키웠다

그러나 이번과 같은 예외적인 버블 확대 양상은 세계화가 아니었다면 발생하지 않았을 것이다. 세계화의 영향 아래 놓인 이후, 어떤 국가에서 일단 버블이 시작되면 전 세계에서 자금이 몰려들었다. 국경을 넘어선 자본이, 그것도 단기간에 대규모의 투기 자금이 이동하기 때문에 각국의 경제는 그 움직임에 쉽사리 휘말렸다.

예컨대 미국은 1990년대부터 달러 강세 정책을 취해서, 산유국과 미국을 상대로 수출 흑자를 기록한 아시아 각국으로부터 대량의 자금이 유입되었다. 지난 20여 년 동안 세계 경제는 미국의 글로벌 불균형Global Imbalance 아래 전 세계로부터 대규모 자금이 미국으로 몰려드는 구조를 형성했다.

한편 자금의 규모 자체가 비할 바 없이 커졌다. 특히 경제가 성숙한 선진국에서는 국민이 가진 자산의 비율이 일반 국가와는 차원이 다르다. 일본의 예를 들자면 개인 금융 자산이 1400조 엔이나 된다. GDP가 약 500조 엔이므로 거의 3배 가까운 개인 자산이 있다는 이야기이다. 일본뿐만 아니라 선진국이라면 어느 나라나 GDP의 서너 배 되는 개인 자산이 존재한다. GDP라는 경제의 플로Flow: 생산량, 사용량 등 유량流量보다 자산을 의미하는 스톡Stock: 잔고, 재량 등 저량貯量 쪽의 규모가 더 큰 것이다.

선진국은 어디나 고령화 사회를 맞이하여, 연금 등 자산 운용에 대한 사람들의 관심이 뜨겁다. 이러한 대규모의 자금은 조금이라도 유리한 투자처를 찾아 전 세계로 떠돌아다니다 상황이 바뀌면 순식간에 빠져나가고 만다. 어느 나라 정부든 이 같은 자금의 흐름을 도저히 관리할 수가 없다.

한편 국내의 자금이 부족한 신흥국은 적극적으로 자금을 끌어들이기 위해 시장 우호적인 정책을 취한다. 그런 정책은 신흥국의 성장을 돕기도 하지만, 다른 한편 위기가 일어났을 때 급격한 자본 도피로 말미암아 경제에 주름살이 깊이 파이게 한다. 그 전형적인 예가 1997년의 아시아 통화 위기였다.

리먼 브라더스 사태 뒤 리스크를 두려워한 자금이 원유나 금 등의 자원

시장으로 뻗쳐 가격을 급등시켰다. 아니면 유럽이나 미국에 비해 경기의 소강상태를 보였던 일본으로 유입되어 엔고를 부채질했다. 상품 시장이나 외환 시장의 이런 예측 불가능한 변동이 실물경제에 크게 혼란을 야기하고 있다는 점만큼은 분명하다.

세계화로 세계 경제가 취약해져

버블은 자본주의 체제에서 으레 생기게 마련이지만, 현대에는 그 붕괴에 따른 피해가 눈 깜짝할 사이에 국경을 넘어 확산된다. 1980년대의 일본 부동산 버블 상황에서는 버블을 흥겨워하며 춤춘 사람도 있었고 버블의 붕괴에 운 사람도 있었다. 다만 그 모두가 일본인들이었다. 그러나 세계화가 진전된 오늘날 버블 붕괴의 영향은 한 나라에 머무르지 않는다. 미국의 경우처럼 세계 경제의 중심에서 일어난 거대 버블 붕괴의 경우에는 더욱 말할 나위가 없다.

게다가 그 영향을 사전에 예측할 수 없다는 문제도 있다. 예컨대 2007년에 서브프라임 위기가 발생한 초기에는 피해가 이렇게까지 확대되리라고는 생각하지 않았다. 서브프라임 대출 잔액은 미국의 전 주택융자 잔액 가운데 겨우 20% 정도에 불과했으므로, 일반적으로 그 영향이 제한적일 것이라는 낙관론이 지배했다. 그러나 막상 뚜껑을 열자 서브프라임 론이 증권화되어 전 세계로 흩어져 있음이 알려져 신용 시장은 대혼란에 빠지고 말았다.

최근의 그리스 위기에서도 2009년에 최초로 문제가 벌어졌을 때에는 이토록 큰 파장을 몰고 오리라고는 보지 않았다. 그리스의 GDP는 EU 가맹 17개국 전체 GDP의 3%도 되지 않는다. 그러나 부채 위기가 이탈리아와 스페인으로 파급됨으로써 위기가 확대되었다.

숫자상으로는 적어 보이는 사건일지라도 순식간의 위기 전염으로 경제 시스템이 마비되고, 그 뒤 전개 양상에 따라서는 세계 경제를 붕괴시키기에 충분한 임팩트를 갖게 되고 만다. 이런 세계적인 취약성이야말로 글로벌 경제의 커다란 문제라 할 수 있다.

시스템 리스크로 위협받는 세계 경제

현대와 같이 너무나 복잡하게 얽혀 있는 세계 경제 구조 아래에서는 이제 그 누구도 전체적인 양상을 파악할 수가 없다. 그러므로 향후 경제가 어떻게 전개될지 예측하기란 더더욱 어려워지고 있다. 이러한 리스크를 최근 들어 '시스템 리스크'라고 지칭하는데, 이 리스크의 크기를 계측하는 수단은 아직 마련되지 않은 상황이다.

이번에 미국의 버블 붕괴로 촉발된 위기는 유럽으로 파급되었다. 그렇다면 그다음엔 어디로 파급되어 어떤 피해를 불러올 것인가? 나는 아시아로 불똥이 튈 가능성이 높다고 생각하지만, 그 또한 뚜껑을 열어보지 않으면 알 수 없다. 이러한 위기의 연쇄적 파급에 대해 사후 검증은 가능하지만 사전 예측은 지극히 어렵다.

금융뿐만 아니라 제조업도 마찬가지다. 2011년 타이에서 대홍수가 일어났을 때, 부품 공장의 수몰로 일본의 자동차 생산이 일부 중단되는 사태가 벌어졌다. 오늘날 제조업은 부품의 공급에서 조립에 이르기까지 전 세계적인 차원에서 전개된다. 이런 제조업의 전체적인 상황에 관해서는 정부조차도 제대로 파악하지 못한다.

정부와 경제계의 연결이 밀접했던 과거와 달리, 오늘날 정부는 민간의 경제 활동을 충분히 파악하지 못하고 있다. 커다란 손실이 표면화되어야 비로소 자본의 흐름이 파악되고, 생각지도 못한 곳에서 위기의 연쇄적 파급이 벌어진다. 글로벌 경제로 긴밀하게 연결된 세계에서는 이러한 사태가 언제든지 얼마든지 재발할 수 있다.

이번 위기에 미국에서 시작된 버블 붕괴가 유럽으로 불똥이 튄 뒤, 다음번엔 어디에 충격을 가할지 실제 상황이 벌어지기까지는 아무도 모른다. 확실한 것은 다음번 충격은 가장 상황이 취약한 곳으로 먼저 번지리라는 것, 그런 다음 또 다른 취약한 곳으로 밀려가리라는 것뿐이다.

사전에 대책을 취하기란 불가능

원래 이러한 충격이 일어나지 않도록 하는 것이야말로 각국 정책 담당자의 책무라 하겠지만 세계화와 자유화가 진전된 오늘날, 정부는 시장의 동향을 제대로 파악하기조차 어렵다. 특히 금융 시장의 경우 자금의 규모가 워낙 크고 이동 속도가 빠른 데다 정부의 감시 밖에서 이뤄지는 사례가 빈발하기 때문에, 어떤 위기가 빚어질지 정부가 사전에 인지하기란 거의 불가능하다.

따라서 현재 각국 정부는 위기를 인지하여 미연에 이를 억제한다기보다 위기가 벌어진 뒤 사후 처리를 하는 것밖에는 별다른 수가 없다.

이번 위기가 일어난 뒤 각국 정부가 취한 행동은 신속했다. 특히 미국에서는 과거 일본의 정책 대응의 실패에서 교훈을 얻어 금융기관에 대한 대규모 자금 투입과 구제책을 재빨리 동원했고, 그 뒤로도 대규모 경기 부양 대책을 내놓는 한편, 양적 완화도 단행했다. 그럼으로써 공황이 본격화되지 않도록 전력을 기울였다. 이처럼 일단 무언가 사태가 발생하면 정책 당국이 신속하게 사후 처리를 행한다는 것이 대략 각국 정부의 컨센서스consensus라 할 수 있겠다.

신자유주의적인 사후 구제

이처럼 사전이 아닌 사후의 개입을 중시한다는 컨센서스에는 신자유주의 경제사상의 특징이 엿보인다. 1980년대 들어 정부가 시장을 규제하거나 개입하지 않고 민간의 자율에 맡긴다는 신자유주의가 영국과 미국을 필두로 전 세계로 확산되었다.

신자유주의에 따르면 정부는 규제 등을 통해 민간의 경제 활동에 족쇄를 채워서는 안 되며, 가능한 사전에 개입하지 않아야 한다. 재정의 규율을 지키기 위해 정부 지출은 억눌러야 하며, 무언가 일이 벌어졌을 경우에만 시장 질서가 파괴되지 않도록 최소한의 개입을 행하는 데 그쳐야 한다. 즉 정부는 사전에 경제를 관리하는 것이 아니라 어디까지나 무언가 일이 벌어질 경우 사후에 이를 조정해야 한다는 쪽으로 사고방식이 바뀐 것이다. 위기 발생 시 정부와 중앙은행은 신속하게 사후 처리를 행해 경기가 더 악화되는 것을 막는다. 그렇게 해서 일시적인 위기가 극복되면 경제는 다시금 정상화의 길을 걷게 된다는 것이다.

경기 순환의 통상적인 후퇴 국면이라면 이런 대책이 들어맞을지도 모른다. 그러나 이번과 같은 거대한 버블 붕괴 뒤의 경제는 그렇게 낙관적인 흐름을 보일 것 같지 않다. 리먼 브라더스 사태 뒤 미국이 행한 재정 지출 확대 및 금융 완화는 경제가 거대하게 붕괴하는 사태를 막았다는 점에서는 효과가 있었지만, 경제가 정상화되는 것과는 거리가 멀다. 채무 디플레이션은 그렇게 간단히 수습되지 않을 것이며, 유럽 위기라는 2차 폭탄도 대기하고 있다. 버블을 따라 춤춘 민간 경제의 손실을 정부가 메우기에는 그 비용이 지나치게 크기 때문이다.

미국과 유럽의 금융 완화가 초래하는 마이너스 작용

채무 위기에 더해 금융 완화의 부작용도 터져 나오기 시작했다. 북아프리카에서 일어난 일련의 폭동은 투기자금이 밀의 가격을 끌어올리자 식료품 가격이 폭등하고 이에 따라 주민들의 불만이 점증하는 과정에서 벌어졌다. 빈부 격차가 커진 신흥국의 식료품 가격 인상은 곧바로 저소득층의 가계를 힘겹게 만들었기 때문이다.

한편 세계적인 불황이 닥쳐와 청년층 실업이 늘어나고 있다. 청년 인구가 많은 북아프리카와 중동의 국가들에서 이 문제는 체제를 뒤흔드는 사태로 발전했다. 튀니지와 이집트에서 시작된 장기 독재 정권에 대한 저항은 지금도 확대일로를 걷고 있다. 이러한 정정政情 불안은 앞으로도 계속될 것이다.

독일의 인구학자 군나르 하인손Gunnar Heinsohn은 현재 신흥국에서 나타나는 청년 인구의 증가가 정정 불안과 테러, 내전 등을 일으키는 원인이라고 지적한다.[4] 어떤 나라에서나 불황에 의한 실업의 여파는 청년층으로 번지게 마련이지만, 복지가 충실하지 못한 신흥국에서는 청년층의 불만이 곧바로 정권에 대한 불만으로 비화되고 만다. 오늘날 북아프리카와 중동을 필두로 벌어지고 있는 폭동은 단순한 민주화 운동으로 치부할 수 없다. 이 문제에 관해서는 리먼 브라더스 사태 후의 세계적인 경제 위기라는 문맥에서 생각해볼 필요가 있다.

그 외에도 제3장에서 상세히 살펴보겠지만, 금융 완화는 통화 가치 하락을 불러온다. 특히 미국과 유럽의 통화 가치 하락은 수출로 성장해온 신흥국들에게 혼란을 초래한다. 위기에 허덕이는 유럽과 미국이 취한 자국의 구제 정책이 이번에는 신흥국을 허덕이게 만드는 것이다.

물론 유럽과 미국을 비롯한 선진국이 현재의 위기를 벗어나기 위해서는 금융과 재정 정책의 동원이 불가피하다. 어쩌면 앞으로도 더욱 대담하게 그런 정책을 취할 필요성이 대두할 것이다. 사상 최대의 버블이 꺼지면서 기업의 도산과 실업이 줄어들지 않고 앞으로도 그런 조짐이 더욱 확대될 것이라고 예상될 경우에는 말할 나위조차 없다. 특히 내 생각에 일본의 경우 그런 위험성이 더 크다.

그러나 여기서 논하고자 하는 바는 미래에 닥쳐올 사태이다. 가령 정부의 대응으로 현재의 위기를 극복했다고 치자. 하지만 그것으로 위기가 모두 해결되는 것은 아니다. 하나의 병을 치료하기 위해 복용한 약이 자칫 다른 병을 발생시킬 수 있는 것처럼, 거듭거듭 새로운 문제가 터져 나오기 때문이다. 게다가 이번에는 신흥국의 정정 불안과 새로운 국가 간의 대립 등 단지 경제만이 아니라 국내 정치와 국제 정치를 포함한 훨씬 커다란 문제로 비화될지도 모른다.

세계화와 자유화는 역사의 필연이 아니다

사태를 이렇게 살펴보면 현재의 세계 경제 위기가 그 발생과 사태의 전개라는 점에서나 사후 구제책이 초래하는 부작용이라는 점에서나 매우 뿌리 깊은 문제라고 생각해야 한다. 진짜 문제는 역시 세계화이다. 정확하게는 신자유주의의 모토 아래 추진된 세계화라고 해야 할 것이다.

이런 세계화는 세계 경제가 호조를 보일 때에는 각국의 경제 성장을 가속시켜주는 역할을 한다. 그러나 그 부작용으로 버블의 규모가 커지고, 피해 또한 글로벌하게 확대된다. 그 피해가 국가 통치 능력이 상대적으로 떨어지는 신흥국으로 파급되면 위기는 더더욱 복잡하게 전개된다.

그러나 문제는 이러한 움직임을 시장의 자유에만 맡기면 되느냐는 점에 있다. 글로벌한 불균형을 방치한 채 자본 이동의 자유화를 추진하면서 세계 경제의 통합을 서두르면 어김없이 지금까지 제시한 바와 같은 문제가 벌어지기 마련이다. 현재 전 세계에서 자유화와 세계화의 재검토가 시작되었는데, 이는 당연한 흐름이라 할 수 있다.

이와 견주어볼 때 일본의 상황은 어떤가? 이렇게 큰 위기가 발생해 있음에도 불구하고 아직도 세계화의 미래에 대해 낙관하는 분위기가 역력하다. 세계화는 역사의 대세이며 일시적인 혼란이 수습되면 다시금 원래의 궤도로 되돌아갈 것이라고 간주한다. 세계화는 필연적인 것이라는 고정관념이 뿌리 깊다.

그러나 세계화는 결코 일직선으로 확대되어가는 프로세스가 아니다. 더욱이 흔들림 없는 역사의 필연도 아니다. 과거를 뒤돌아보면, 세계화는 역사적으로 몇 번씩이나 등장했다가 무너졌음을 분명하게 확인할 수 있다.

위기 뒤의 세계가 이전과 같은 자유화·세계화의 방향으로 순조롭게 되돌아가지는 않을 것이다. 현재 벌어지고 있는 일련의 위기는 과거의 글로벌 경제에서도 벌어졌던 현상이다. 그것을 확인하기 위해 제2장에서는 100년 전의 세계화 — 역사가가 말하는 '제1차 세계화'에 대해 살펴보도록 하자.

제 2 장

—

세계화는 평화와
번영을 보장하는가?

제1차 세계화가 한창일 때 세계대전이 시작되었다

런던의 주민은 침대 위에서 아침 홍차를 마셔가며 전화로 전 세계의 다양한
생산품을 살펴보고 자신이 적당하다고 생각하는 수량을 주문할 수 있었다.
마찬가지로 그는 자신의 부를 동원하여 세계의 천연 자원이나 신사업 분야에
원하는 만큼 투자할 수 있었고, 전혀 번잡하지 않게 그 과실이나 이익의 배당
을 받을 수 있었다.[5]

이 글은 1919년에 쓰인 것으로, 그 몇 년 전 런던 시민의 생활을 회상하듯
묘사한 것이다. '전화'를 '인터넷'으로 바꿔놓으면 글로벌 네트워크가 발달한
21세기의 상황을 묘사한 것이 아닌가 하고 착각할 정도인데, 이는 제1차 세
계화 시대가 보여주는 일상의 한 단면이다.

글을 쓴 사람은 20세기를 대표하는 경제학자 가운데 한 사람인 존 메이

너드 케인즈John Maynard Keynes이다. 이 문장 뒤로 현대에도 그대로 통할 만큼 중요한 지적이 이어진다.

> 그리고 무엇보다 중요한 것은 그가 이 같은 사태를 정상적이고 확실하며 더 한층 개선되어 나갈 것이라고 간주하고, 거기에서 벗어난 모든 괴리 현상은 정상적인 궤도를 이탈한 것에 불과하며 모두 회피 가능한 것으로 여겼다는 사실이다.

런던 시민 누구나 세계화가 이루어낸 평화와 번영이 정상적이고 확실하며 더한층 개선되리라고 믿었다는 것이다. 그럼에도 불구하고 현실적으로는 1914년 7월, 유럽은 전쟁 국면으로 돌입했다. 제1차 세계대전이다. 이 전쟁은 세계화가 한창 진전된 와중에 벌어진 사태였다. 1919년이라는 숫자에서 힌트를 얻은 독자도 있을지 모르겠으나, 케인즈가 이 글을 쓴 것은 종전 처리를 위한 파리강화회의가 열린 직후였다.

이 장에서 내가 강조하고자 하는 바는 제1차 세계화가 두 차례의 세계대전으로 종결되었다는 사실이다. 국경을 뛰어넘은 상품과 자본의 이동이 성행하면서 세계 경제의 통합이 오늘날과 유사하게 발달하였음에도 불구하고, 결국 제1차 세계화는 역사적 유례가 없는 국가 간의 치열한 대전쟁으로 종말을 고했다.[6]

이것은 현재의 세계화, 즉 제2차 세계화의 미래를 점쳐보는 데 시사하는 바가 많다. 과거와 현재가 똑같은 패턴을 반복하진 않겠지만, 적어도 다음과 같은 사항은 지적할 수 있다. 세계화는 결코 일직선으로 진행되지 않으며, 그 과정에서 국가의 대립을 오히려 고조시키는 경향이 있다는 점이다. 한마디로 세계화가 자동적으로 세계의 번영과 평화를 이끌어 나간다고 단정하지 못한다는 것이다. 100년 전에 케인즈가 직관했던 것은 글로벌 경제의 이 같은 위험한 성질이었다.

세계화는 영원히 계속되지 않는다

제1장에서 살펴본 것처럼 현재진행형인 세계 경제 위기는 일반적인 짐작보다 훨씬 위험한 상황에 처해 있다. 거대한 버블 발생이라는 점에서 과거 대공황에 필적할 정도의 임팩트를 지닌 사건이다. 그런 전제를 깔고 이번 장에서는 두 번째 장벽을 허물어보자.

이 장에서 확인하고자 하는 바는 전전戰前의 대공황 역시 당시의 세계화라는 문맥과 연결되어 일어난 사건이었다는 점이다. 19세기 후반부터 세계의 무역과 투자가 확대되어 그 규모가 지금까지 우리가 추정해왔던 것보다 훨씬 컸다는 사실이 역사학계의 표준적 인식으로 자리 잡아가고 있다. 전전에 벌어진 세계적인 일련의 사건 — 제국주의, 대공황, 블록화에 의한 세계 경제의 분단 — 은 현재와 매우 흡사한 상황 아래 벌어졌던 일들이다.

자칫 간과하기 쉬운데, 전전의 대공황 역시 미국에서 시작된 버블 붕괴가 유럽으로 불똥이 튐으로써 한층 더 심각해졌다. 1920년대의 유럽으로는 버블 경제로 바짝 달궈진 미국으로부터 대규모 투자가 밀려들었는데, 1929년의 미국의 주가가 폭락하자 그 자금이 유럽에서 급속히 빠져나가 유럽 전체가 심각한 자금 부족 상황에 빠져들었다. 그리하여 1931년 오스트리아의 최대 은행인 크레디트 안슈탈트Credit Anstalt의 도산을 계기로 유럽에서는 대형 금융기관의 연쇄 도산이 잇따르고, 그것이 세계 대공황에 박차를 가했고, 마침내 히틀러가 이끄는 나치 독일의 등장을 낳게 되었던 것이다.

이 사실을 어떻게 해석하면 좋을까? 일본에서 세계화가 실패로 끝날 가능성을 짚어보는 경우는 내가 아는 한 거의 존재하지 않는다. 그러기는커녕 냉전이 끝나고 세계 경제가 글로벌하게 통합됨으로써 세계는 더한층 평화와 번영의 길로 나아가고 있다는 사고가 정부의 정책이나 기업의 경영 전략 가운데 부지불식간에 하나의 전제처럼 자리 잡고 있다.

확실히 눈에 띄는 대전쟁의 위협은 없을지도 모른다. 세계 각지의 민족 분쟁과 내전은 매일처럼 매스컴을 통해 상세히 보도되고 있고, 에너지나 원재료 등 천연 자원을 둘러싼 강대국 간의 치열한 경쟁도 잘 알려져 있지만, 대규모의 전쟁이 벌어질 가능성을 언급한다면 좌중의 웃음거리로 치부되고 말 것이다. 지금처럼 글로벌하게 연결된 세계가 갑자기 붕괴되거나 쪼개지리라고는 아무도 생각하지 않는다.

그러나 역사를 뒤돌아보면, 세계화의 실패를 상정하는 시나리오를 그렇게 웃음거리로 삼고 넘겨버릴 수만은 없음을 잘 알 수 있다. 과거에 현재와 너무나도 유사한 상황이 존재했고, 그것이 비극적인 결말을 맞았다는 것은 틀림없는 사실이기 때문이다.

상품·돈·사람이 활발히 이동한 제1차 세계화 시대

근래 역사학계에서는 지금부터 100년 전 세계가 현대와 비슷한 정도로 세계화가 실현되었다는 설이 주류로 자리잡아가고 있다. 무역과 자본 이동의 수준이나 이민 등의 동향을 살펴보면, 19세기 말부터 20세기 전반의 세계 경제의 통계는 현재와 매우 유사한 패턴을 보여주고 있다.

[그림3]에서 보는 것처럼 GDP에서 차지하는 수출 비율은 1870년대부터 제1차 세계대전 직전인 1913년까지 대부분의 나라에서 확대되고 있다. 현대와 비교하면 비율이 낮긴 하지만 여기에서 정점을 찍었다고 말할 수 있다. 현재는 남미의 자리를 아시아가 차지하고 있지만, 당시에는 서유럽과

[그림3] GDP에서 차지하는 상품 수출의 비율(%)

(년)	영국	미국	프랑스	독일	오스트레일리아	브라질
1820	3.1	2.0	1.3	–	–	–
1870	12.2	2.5	4.9	9.5	7.1	12.2
1913	17.5	3.7	7.8	16.1	12.3	9.8
1929	13.5	3.6	8.6	12.8	11.2	6.9
1950	11.3	3.0	7.6	6.2	8.8	3.9
1973	14.0	4.9	15.2	23.8	11.0	2.5
1998	25.0	10.1	28.7	38.9	18.1	5.4
2008	29.5	13.0	26.9	48.1	19.7	13.7

『세계화의 역사적 조망Globalization in Historical Perspective』, 41쪽을 참고하여 작성.
2008년은 세계은행 데이터 참조(서비스 무역 포함).

[그림4] GDP 대비 자본 이동률(%)

(년)	영국	미국	프랑스	독일	일본	아르헨티나
1870~1889	4.6	0.7	2.4	1.7	0.6	18.7
1890~1913	4.6	1.0	1.3	1.5	2.4	6.2
1919~1926	2.7	1.7	2.8	2.4	2.1	4.9
1927~1931	1.9	0.7	1.4	2.0	0.6	3.7
1932~1939	1.1	0.4	1.0	0.6	1.0	1.6
1947~1959	1.2	0.6	1.5	2.0	1.3	2.3
1960~1973	0.8	0.5	0.6	1.0	1.0	1.0
1974~1989	1.5	1.4	0.8	2.1	1.8	1.9
1989~1996	2.6	1.2	0.7	2.7	2.1	2.0

「세계화의 두 파도Two Waves of Globalization」, 『전미경제조사국 조사보고서NBER Working Paper』, No.6904 8쪽을 참조하여 작성. 위의 숫자는 GDP 대비 경상수지 비율을 절댓값으로 나타낸 것.

남북 아메리카 대륙이 글로벌 경제의 주요 무대였다.

금본위제에 따른 환율 고정의 영향도 있어서 무역은 급격히 확대되었다. 복수의 국가에 걸쳐 생산과 판매를 행하는 기업, 즉, 오늘날의 다국적 기업도 출현했다.[7]

자본의 이동은 나라에 따라선 오늘날보다 훨씬 더 성행했다. [그림4]에서 보는 것처럼 영국, 프랑스, 일본 등의 주요국, 그리고 남미의 아르헨티나에서는 1914년 이전이 1990년대보다 높은 수준이었다그로 인해 이 시대는 제1차 '금융' 세계화라고 불리기도 한다. 전전의 일본이 인플레이션 정비와 러일전쟁을 치르기 위한 자금을 런던 시장에서의 국채 판매로 충당했던 것은 유명한 일화이다.

[그림5] 자본 이동의 개념도(19세기 말~현대)

로버트 J. 실러의 데이터http://www.econ.yale.edu/~shiller/data.htm를 토대로 작성.

이러한 국경을 넘어 이뤄진 자금 조달이 전전에는 활발하게 이루어지고 있었다.

경제학자인 모리스 옵스펠드Maurice Obstfeld와 엘란 M. 테일러Alan M. Taylor는 전전과 전후 자본 이동의 수준 변화를 [그림5]와 같은 두 개의 산을 가진 그래프로 표현하고 있다.⁸

세계 전체로 살펴보면 민간과 정부에 의한 국제적인 자본 이동이 20세기 초반 수준으로 돌아간 것은 극히 최근이다. 이러한 곡선의 형태는 자본 이동뿐만 아니라 봉우리의 높이가 다르긴 하지만 무역 부문도 마찬가지이다. 인류는 오늘날 근대 이후 두 번째 세계화의 파도를 체험하고 있는 것이다.

나아가 중요한 사실 한 가지는 제1차 세계화 시대에서도 현대와 마찬가지로 버블이 부풀었다가 꺼지면 공황이 세계적으로 번져가는 현상이 빈번하게 일어났다는 점이다.[9] 처음엔 미 대륙철도 등에 대한 투자 붐 형태로, 그다음엔 제1차 세계대전 뒤 유럽의 부흥을 위한 투자 형태로 버블이 발생했다. 그 귀착점이 1931년부터 본격화한 세계 대공황이었던 것이다.

그 밖에도 이민은 현대보다 더욱 왕성하게 이뤄졌음을 통계적으로 확인할 수 있다. 특히 유럽으로부터 남북 아메리카로, 대규모 이민이 이루어졌다.[10] 이것은 현대의 수준을 훨씬 웃돈다.

활발한 상품·돈·사람의 이동은 세계화의 주요 특징이다. 제1차 세계화와 현재를 비교해보면 어떤 결과가 나올까? 상품의 이동은 현재가 더 왕성하지만 돈의 이동은 거의 같고, 사람의 이동 곧 이민은 과거가 더 큰 규모를 기록하고 있다.

신자유주의 사상은 과거 시대사조의 판박이

여기에서 또 하나 강조해야 할 것은 제1차 세계화가 진전돼 있던 당시의 시대적 분위기 또한 현대와 매우 닮았다는 점이다. 제1차 세계화를 추진한 동력은 정부의 경제 개입을 꺼려하는 자유방임laissez-faire이라는 시대적 조류였다.

19세기부터 20세기 초에 걸쳐 영국에서는 경제학이 전문 분야의 학문으로 확립되어가고 있었다. 그중 지배적인 사조는 자유무역의 이점과 금본위제에 의한 국제수지의 자동 조절 메커니즘을 신봉하는 경제학이었다.[11] 현재의 신자유주의자들은 금본위제에 대해서는 부정적이지만, 자유무역의 이점과 시장 메커니즘에 대한 신뢰를 당시의 경제학으로부터 계승하고 있다. 신자유주의는 바로 과거의 시대사조와 판박이다.

자본주의 평화론

덧붙여 세계화의 진전은 세계를 한층 평화롭게 만들어준다는 견해 또한 뿌리 깊었다. 이토록 세계 경제가 긴밀하게 연결되어 있는데, 국가가 일부러 경제적 손실이 큰 전쟁이라는 수단에 매달린다고는 생각할 수 없다는 사고방식이다.

오늘날 이러한 견해를 강력히 주장하고 있는 인물이 『뉴욕타임스』 칼럼니스트 토머스 프리드먼Thomas Lauren Friedman이다. 프리드먼은 1999년에 낸 『렉서스와 올리브 나무』라는 세계적 베스트셀러를 통해 '맥도널드가 있는 곳에 전쟁은 없다'는 가설을 발표했다. 맥도널드 같은 다국적 기업은 가능한 한 투자 리스크를 회피하려고 들기 때문에 전쟁이 일어날 가능성이 있는 지역에는 투자를 하지 않는다. 다국적 기업이 늘어나는 현상은 그만큼 세계가 평화로워지고 있다는 증거라는 것이다.[12]

프리드먼은 2005년에 간행한 『세계는 평평하다』에서도 똑같은 주장을 반복하고 있다. PC로 유명한 델 사는 중국과 타이완에 모두 투자하고 있는데, 만약 중국과 타이완 사이에서 전쟁이 벌어지면 곧바로 자본을 회수하려 들 것이다. 외국 자본이 대규모로 투자를 행하고 있는 나라끼리는 외국 자본에게 기피당할 리스크를 감수하면서까지 전쟁을 벌인다고 볼 수 없다. 냉전 이후의 세계화는 명백히 고전적인 전쟁 리스크를 줄이고 있다. 이것이 프리드먼이 말하는 '델의 전쟁회피 이론'이다.[13]

여기서 지적하고 싶은 것은 세계 경제의 연결이 강화된 결과, 국가는 쉽사리 전쟁이란 수단에 의존하지 못한다는 프리드먼 류의 주장이 제1차 세계화의 시대에도 인기를 끌었다는 사실이다.

예컨대 영국의 저널리스트인 노먼 에인절Norman Angell은 1910년에 『거대한 환상』을 출판하여, 무역과 투자가 이렇게 긴밀히 연결된 세계에서는 전쟁 비용이 매우 높아진다고 주장하며, 평화의 중요성을 강조했다. 이 책은 25개국에서 번역·출판될 정도로 당시 대단한 평판을 얻었다. 에인절은 훗날 노벨평화상을 받았을 정도였다.

이러한 논의는 오늘날 '자본주의의 평화'라고 불린다. 양국 간의 무역 의존도가 높아지면 높아질수록 전쟁 리스크는 감소한다는 가설이다. 이는 이미 18세기의 계몽주의 시대에 몽테스키외와 칸트가 제창했던 주장이다.

세계화의 귀결로서의 세계대전

그러나 그들이 말한 것처럼 세계화와 자본주의는 평화에 공헌했을까? 무역과 투자에서 긴밀하게 연결된 자본주의 세계에서는 전쟁 리스크가 줄어든다는 가설을 안이하게 신봉해선 안 된다. 그 가설과 결정적으로 배치되는 사건이 바로 제1차 세계대전이었기 때문이다.

제1차 세계대전이 일어나기 전인 20세기 초 독일의 최대 수출 대상국은 영국이었다. 영국으로서도 독일은 두 번째로 큰 무역 상대국이었다. 그럼에도 양국은 전쟁에 돌입했다. 이것은 경제의 상호 의존이 필연적으로 평화를 가져다주지 않는다는 중요한 증거가 아닐 수 없다. 노먼 에인절의 책이 간행되고 호평을 얻은 지 겨우 4년 뒤에 유럽은 미증유의 전쟁에 휘말려 들어간 것이다.

특히 중요한 것은 당시 사람들에게 제1차 세계대전이 정말 뜻밖이어서 '상정 외想定 外'였다는 사실이다. 당시 금융 시장의 동향을 분석한 역사가 니얼 퍼거슨Niall Ferguson은 제1차 세계대전 전야에 채권 시장에 큰 소동이 없었던 사실을 지적하고 있다.[14] 리스크에 민감한 금융 관계자는 적어도 장래의 리스크가 있다면 자산을 매각한다. 전쟁이라는 리스크가 '상정'되어 있었다면, 채권 시장에 큰 소동이 벌어졌을 것이다. 그러나 제1차 세계대전에서는 큰 소동이 없었다.

즉, 제1차 세계대전은 리스크에 민감한 투자가들에게 있어서도 '상정 외'의 사건이었다는 것이다. 전쟁이 시작되기까지 세계의 평화가 '정상적이며

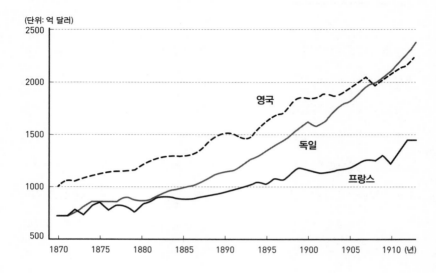

[그림6] 제1차 세계대전 전의 영국 · 독일 · 프랑스의 GDP

(단위: 억 달러)

영국

독일

프랑스

『경제 통계로 보는 세계 경제 2000년사』를 참조하여 작성. 단위는 1990년 달러. 이 단위는 구매력 평가와 물가 변동률을 이용하여 각 연도의 각국 통화를 1990년의 국제 달러로 환산한 것.

확실한 것으로서 한층 더 개선되어 나갈 것이다'라고 사람들이 믿어 의심치 않았다고 이번 장의 첫머리에서 인용한 케인즈의 글은 전혀 과장됨이 없는 표현이었다.

세계화로 불안정해진 20세기 초의 유럽

그러면 왜 제1차 세계대전이 벌어진 것일까? 그 점에 대해서는 다양한 설이 있다. 식민지 획득 경쟁, 독일의 군사적 야망, 영국의 패권 쇠퇴, 각국 내부의 계급투쟁 등 역사가의 수만큼이나 다양한 해석이 존재한다. 실제로는 이런 다양한 요인이 겹친 결과 전쟁이 벌어졌을 것이다.

그러나 제1차 세계화가 유럽 국가들 간의 세력 균형Balance of Power을 크게 뒤바꿨다는 사실이 매우 중요한 요소였음은 틀림없다. [그림6]에 나타난 것처럼 20세기 초의 독일 GDP 성장률은 눈이 휘둥그레질 정도이다. 영국은 이미 우월한 지위를 잃고, 독일의 공업이 수출을 중심으로 급격히 성장했다.

경제의 변화는 군사력의 변화로 직결된다. 보불전쟁Franco - Prussian War. 1870~1871년 이후 50년 동안 유럽 대륙 내에서는 대국 간의 전쟁이 거의 없었는데, 그사이 유럽 세력 균형의 양상이 뒤바뀐 것이다. 이 급격한 세력 균형의 변화가 식민지 획득을 둘러싼 경쟁을 격화시켰다. 대략 영국의 경제적·군사적 우위가 상실된 것이 잠재적으로 유럽 정세를 불안정하게 만들어 제1차 세계대전으로 이어졌다는 설이 가장 설득력이 있다고 하겠다.[15]

탈세계화로 급반전

또한 제1차 세계화 시대에는 자유무역에 대한 국내의 불만도 한층 높아졌다. 19세기 말부터 미국, 독일, 프랑스에서는 관세 인상이 강화되었다. 자유무역의 본가였던 영국에서도 독일의 수출 공세에 대한 강력한 불만이 제기되었다. 1887년의 상품표시법을 보면 독일 제품에는 '메이드 인 저머니Made in Germany'를 의무적으로 표시하도록 되어 있다. 그렇게 함으로써 영국의 소비자들을 독일의 싸고 조잡한 제품으로부터 지키고자 했던 것이다.현대의 미국에서 중국 제품을 사용하지 않고 있음을 표기하는 '차이나 프리China Free' 운동이 확산되고 있는 것과 매우 닮았다. 이 또한 보호주의의 일종이라고 할 수 있다. 세계화가 초래하는 경제 사회의 혼란에 대한 사람들의 불만과 반발은 폭발하기를 기다리는 마그마와 같이 차곡차곡 쌓여 있었던 것이다.

제1차 세계대전 후에는 각국 간의 무역이 재개되고 금본위제로 돌아가는 등 전쟁 전 세계로의 회귀 방안을 모색했다. 그러나 일단 상처 입은 국제 질서는 쉽사리 과거로 돌아가지 못했다. 1929년에 시작된 세계 대공황을 맞아 각국은 눈사태처럼 보호주의와 블록화의 길로 나아갔다. 이로써 세계 경제를 통합하던 세계화의 움직임은 세계 경제를 분단하는 탈세계화deglobalization로 급속히 전환되어, 무역을 둘러싼 국가의 '경제전쟁'이 격화되었다. 그것이 제2차 세계대전으로 귀결되었다는 것은 주지의 사실이다.

제2차 세계화의 귀결은?

세계화의 첫 번째 파도는 전쟁으로 종말을 고했다. 그럼 이번에 우리를 밀어 올리고 있는 두 번째 파도는 어떤 결말을 맞이하게 될 것인가?

먼저 반드시 생각해봐야 할 점은 당시와 현재의 상황 차이다. 제1차 세계화 시대에는 예기치 못한 경제 변동에 대해 각국 경제가 대단히 취약했다.

그러나 현재는 선진국을 중심으로 노동자를 보호하는 제도 및 은행과 예금자를 보호하는 다양한 제도가 몇 겹으로 마련되어 있다. 경제 침체에 대한 정부의 적극적인 개입 또한 전후에는 일상적으로 행해지게 되었다. 국민 생활을 뒷받침하는 사회제도는 대략 선진국에 한해서는 과거의 세계화 시대에 비해 현재는 대단히 충실한 편이다.

더하여 제1차 세계화 시대에는 금본위제를 택한 국제 금융 시스템에 문제가 있었다고 할 수 있다. 금본위제 아래에서는 무역 적자에 빠진 나라는 정화正貨의 유출을 막기 위해 금융 긴축을 할 수밖에 없다. 이러한 금본위제 시스템은 통화 가치를 안정시켜 무역과 투자를 촉진한다는 점에서는 뛰어나지만, 경기가 나빠져 수입이 늘어나 무역 적자에 빠졌을 때 디플레이션 정책을 취할 수 없는 등 국내의 경제 사회가 안정되지 않는다는 약점이 있었다.

이러한 금본위제를 포기함으로써 '금의 족쇄'가 사라진 전후에는 국제수지의 제약 없이 재정·금융 정책을 취할 수 있게 되어 정부 재량이 커졌다. 즉 전전의 세계화와 비교할 때, 현재는 정부가 훨씬 더 자유롭게 경제 정책을 취할 수 있는 상황이다.

이상과 같은 점을 생각하면 현재는 과거보다 충격에 대한 내성이 강화되었다고 볼 수 있다. 그러나 급격한 경제 혼란 발생 시 정부의 재정지출 확대와 복지 지원은 오늘날에도 여전히 선진국에서나 가능하다. 신흥국은 이런 경제적 충격의 대응 능력에 있어, 선진국보다 훨씬 취약하다. 전전에도 후발 근대국가였던 독일이나 일본이 이러한 충격을 훨씬 크게 받았다. 오늘날에도 글로벌 경제의 혼란이 발생하면 통치 능력이 떨어지는 국가들이 상대적으로 더 큰 타격을 받게 된다.

금융 완화와 통화 절하

나아가 자유로운 금융 정책은 의도하지 않은 부작용을 초래한다는 점도 지적해둘 필요가 있다. 다음 장에서 상세히 살펴보게 되겠지만, 금융 완화는 자국 통화의 평가 절하로 이어지기 때문에 수출의 확대와 수입의 제한을 가져온다. 세계 경제 전반이 호조인 가운데, 불황을 겪는 단 한 나라만이 금융 완화 정책을 행한다면 문제가 크지 않을 것이다. 그러나 세계 전체가 불황에 허덕이는 시기에 각국이 저마다 금융 완화를 통해 평가 절하를 행하면 '통화전쟁'이라고 해야 할 경쟁 상태로 빠져든다.

사실 1930년대에 금본위제를 이탈한 나라들이 맞이한 것은 그러한 '경제전쟁'이었다. 금본위제가 없었다면 제1차 세계화의 비극을 막을 수 있었을 것이라는 보증은 없는 것이다.

두 번째 세계화에 공통되는 점은 수출을 중심으로 성장한 신흥국이 급격하게 대두한 것, 그리고 일단 충격이 발생했을 때 큰 타격을 받는 것 또한 신흥국이라는 것이다. 세계 경제는 언제나 약한 고리부터 끊어지는 법이다.

미국에서 시작된 현재의 위기는 유럽으로 불똥이 튀었다. 그것도 경제력이 약한 그리스에 큰불을 냈다. 이것이 다른 지역, 특히 수출을 늘려 급성장을 해온 BRICs브라질, 러시아, 인도, 중국, 남아공 등의 신흥국으로 파급되었을 때, 위기의 복잡성은 한층 심각해진다. 앞으로 주의를 기울여야 할 사항은 이번 위기가 단지 경제의 틀 안의 문제가 아니라 그것을 뛰어넘는 사태라는 점이다.

높아만 가는 지정학적 리스크

사실 지정학적 리스크는 최근에 갑작스럽게 높아지는 경향을 보인다. 냉전 이후 신흥국을 중심으로 각국의 군사비는 날로 증가하는 추세이다. 특히 이란과 중국 같은 나라가 두드러진다. [그림7]에 보이는 것처럼 냉전 이후 군사비가 눈에 띄게 줄어든 곳은 유럽뿐이다. 중동과 동아시아, 그리고 2000년대 이후의 미국에서도 군사비는 상승하는 경향을 보이고 있다.

특히 급성장하는 중국의 군비 확장으로 동아시아 세력 균형이 급속히 변화하고 있다. 미국과 유럽의 지식인 가운데 일부 학자들은 2020년대까지 동아시아에서 분쟁이 일어날 가능성이 높다고 예언하기도 한다.[16] 물론 국제 정치의 관점으로 보아 100년 전과는 사정이 크게 다르다. 당시 국제 정치에 커다란 영향력을 행사하던 나라는 영국이었지만, 영국은 엄청나게 특출난 대국은 아니었다. 19세기 말 영국의 GDP가 세계 경제 전체에서 차지하는 비율은 9% 정도에 지나지 않는다. 이것은 현재의 미국이 25%를 차지하고 있는 것과 비교하면 커다란 차이가 아닐 수 없다. 미국이 자유무역에 충실

[그림7] 각국의 군사 예산의 추이(단위는 100만 달러, 2010년의 비율과 비교)

	1990년	2010년	증감율
미국	510,998	698,281	+37%
러시아	259,734	58,644	-77%
프랑스	65,774	59,098	-10%
독일	66,876	45,075	-33%
일본	49,421	54,641	+11%
중국	17,943	121,064	+575%
한국	13,881	27,572	+99%
인도	17,575	46,086	+162%
이스라엘	11,219	14,242	+27%
사우디아라비아	23,445	45,245	+93%
이란	2,415	*11,096	+359%
시리아	1,107	2,346	+112%

스톡홀름 국제평화연구소Stckholm International Peace Research Institute의 데이터를 참조하여 작성
*이란의 데이터는 2007년의 수치

하고 전 세계에 펼쳐놓은 군사 기지망을 통해 현행 국제 질서를 유지물론 미국 의 국익에 도움이 되는 한도에서 그렇다는 것이지만하려 드는 한, 지금의 국제 질서가 극적 으로 붕괴될 가능성은 낮다고 보아야 할 것이다. 또한 핵무기 시대에는 쉽 사리 대국 간 전쟁이 일어나리라고 생각하기 어려운 것 또한 사실이다.

그러나 2008년의 리먼 브라더스 사태 이후 상황이 급변하고 있다. 북 아프리카나 중동에서 일어나고 있는 일련의 폭동과 국가 붕괴는 후속되 는 새로운 지정학적 대립의 서곡이 될 것이다. 앞으로 유럽 위기가 심각

해지고, 그 충격이 아시아 등 다른 지역으로 파급되면 위기는 더한층 복잡해진다.

그때 무슨 일이 일어나게 될까? 확실한 것은 지난 20년 동안 지속된 평화와 번영이, 다가오는 20년 동안에도 계속된다는 보증은 어디에도 없다는 것뿐이다.

케인즈의 경고

이번 장의 첫머리에 인용한 문장에 뒤이어 케인즈는 다음과 같은 말도 하고 있다. 분명 당시 군부와 제국주의의 대두 등 얼마 후 닥쳐올 대혼란을 예감케 하는 전운이 세계 곳곳에 감도는 상황이었다. 그러나 그런 모든 것이 "날마다 게재되기 마련인 신문의 가십거리에 지나지 않으며, 사실상 거의 완전히 국제화한 경제 사회가 보여주는 통상적인 코스처럼 대부분 아무런 영향도 미치지 못하는 것으로 간주되고 있었다"고 했다.

이것도 현재의 상황과 너무나도 닮아 있다. 중동, 동아시아와 중앙아시아에서 자원과 시장을 둘러싼 대국의 각축이 벌어지고 있음에도 불구하고, 그것이 세계의 대세를 위협하지 않는다는 암묵 속에서 모두가 태평히 지낸다.

그렇다고 이대로 세계화가 진행되면 과거와 마찬가지로 전쟁이 반드시 일어난다는 말은 아니다. 역사는 결코 똑같이 반복되지 않는다. 이 장에서 거론한 다양한 우려는 어디까지나 과거라는 거울에 비친 미래에 지나지 않는다. 미래는 현재 우리가 지닌 의지에 따라 얼마든지 바뀔 수 있다.

　다만 이렇게는 말할 수 있을 것이다. 세계화가 진전된 오늘날의 세계 경제 구조는 불안정해질 요소를 다분히 지니고 있으며. 그뿐 아니라 지정학적 대립과 연결되어 평화를 위협할 요소 또한 품고 있다고 말이다. 과거의 세계화에서 우리가 이끌어낼 교훈은 바로 그런 내용이 되어야 할 것이다. 역사를 배우는 까닭은 같은 잘못을 반복하지 않기 위해서이다.

제 3 장

—

경제전쟁의
결말은?

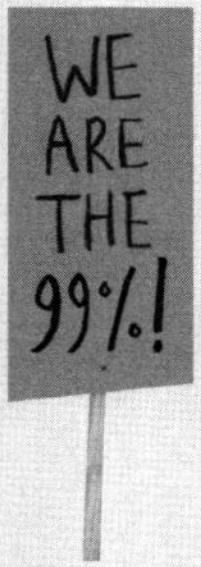
WE
ARE
THE
99%!

통화전쟁의 발발

통화전쟁이라는 강렬한 단어가 2010년 9월 전 세계로 퍼지기 시작했다. 이 용어를 처음 사용한 사람은 당시 경제가 눈부시게 성장하던 브라질의 재무장관 귀도 만테가Guido Mantega이다.

우리는 세계 통화전쟁의 한가운데에 있다. 각국의 통화 평가 절하가 브라질의 경쟁력을 박탈하려 들고 있다. 이것은 우리나라에게는 실로 큰 위협이다.[17]

이어서 그는 같은 해 11월 서울에서 열린 G20 정상회의에서도 "미국의 양적 완화 정책은 중국의 환율 조작과 마찬가지로 불공정한 수법이다"라며 미국을 지명하면서 강력하게 비판했다.[18] 리먼 브라더스 사태 이후 미국의 양적 완화는 금융위기에서 건져내줌과 동시에 저달러에 박차를 가하는 효과를 가져왔다. 그 영향을 고스란히 떠안게 된 것이 유럽과 미국 수출로 경제 성장을 한 브라질 등 신흥국이다.

달러가 하락하고 자국의 통화 가치가 상승하면, 성장을 견인하는 신흥국의 수출 산업은 큰 타격을 입는다. 나아가 고약하게도 금융 완화로 남아도는 미국의 단기 자본이 자국으로 유입되기 때문에 인플레이션에 박차를 가하는 꼴이 되고 그로 말미암아 나라 안의 사회 불안이 가중된다.

이것은 사실상의 근린궁핍화 정책이 아닌가? 즉 타국의 경제를 희생시켜서라도 자국의 생존을 도모하겠다는, 사실상 '경제전쟁'이 아닌가? 브라질 재무장관이 저통화低通貨 '경쟁'이 아니라 통화의 '전쟁'이라는 강력한 단어를 사용한 배경에는 이 같은 사정이 존재한다.

제2차 세계대전의 서곡이 된 통화전쟁

이러한 상황은 1930년대에 본격화했다고 일컫는 '제1차 통화전쟁'의 양상과 매우 닮았다. 1929년의 대공황으로 급격한 수요 하락이 발생한 각국은 잇따라 금본위제를 이탈하고, 통화 절하 경쟁으로 나아갔다. 자국 통화의 평가 절하를 동원해 조금이라도 수출을 늘리고, 경기 부양을 도모하고자 했던 것이다. 이는 리먼 브라더스 사태에 따른 경제적 타격에서 벗어나고자 통화 절하에 기반한 수출 확대 노선에 각국이 매달리고 있는 오늘날의 상황과 매우 유사하다. 불황에 처하면 국내 시장이 급격히 냉각되기 때문에 평가 절하로 수출을 늘려보자는 유혹은 과거나 현재나 똑같이 존재한다.

세계 경제 전체가 순조로울 때에는, 가령 어느 한 나라가 불황에 빠져도 다른 나라들이 호황이면 그 힘을 빌려 경기를 부양시킬 수 있다. 그러나 세계가 동시 불황에 빠져들면, 모든 나라가 수출 공세에 나서기 때문에 순식간에 나라들끼리 삐걱거리는 일이 잦아진다. 1930년대는 바로 그런 '경제전쟁'의 시대였다.

그리고 타국의 수출 공세로부터 자국을 지키기 위해 각국은 관세 인상 등의 수입 제한 정책을 동원하는, 이른바 블록화의 길을 모색한다. 이 블록화로 가장 크게 타격을 받은 나라가 유력한 해외 시장이나 식민지를 보유하지 못한 일본과 독일이었다는 사실은 말할 나위조차 없다. 즉 제1차 세계화의 귀결로서 세계 대공황이 일어나 시장 쟁탈을 위한 수단으로서 통화전쟁이 격화되고, 심각한 국가 간의 대립을 야기하고 말았다. 이때의 통화전쟁은 진짜 전쟁의 서곡 노릇을 했던 것이다.

케인즈 이전의 세계로 돌아가고 있다

해외 시장의 쟁탈을 위해 날로 격화되는 경제전쟁을 억누르기 위해서는 각국이 내수 확대를 도모하는 수밖에 없다. 1936년에 간행된 『고용, 이자 및 화폐의 일반이론』에서 케인즈가 세계 대공황으로부터 회복하기 위해서는 정부가 재정지출 확대를 함으로써 내수 확대를 도모해야 한다고 쓴 것은 유명한 이야기이다. 그런데 이때 그가 염두에 둔 것은 20세기 초엽에 진행되고 있었던 '경제전쟁'의 상황이었다.[19]

이 책의 후반부에서 케인즈는 정부에 의한 적절한 수요 관리가 해외 시장을 둘러싼 국가 간의 노골적인 경쟁을 막기 위해서도 중요하다고 설명하고 있다. 세계적인 불황이 지속되면 수출과 해외 투자에 의해 외국의 수요를 거두어들이려는 움직임이 일어 각국의 대립을 격화시킨다. 당시에는 그것이 제국주의 움직임과 결부되어 있었다. 케인즈는 국가 간의 대립을 피하기 위해서도 각국이 주체적으로 내수를 확대하는 수밖에 없다고 보았던 것이다.

나는 이것이 오늘날에도 거의 진리라고 생각한다. 세계적인 공황의 확대를 막기 위해서는 각국이 내수를 확대시키는 것 이외에는 방법이 없다.

그러나 개발도상국이든 선진국이든 정부 주도형 내수 확대가 쉽사리 이뤄질 수 없는 사정을 안고 있다. 특히 유럽에서는 유로의 신용도 문제가 발생되어 있기 때문에 독일 등은 각국에 재정 규율의 준수를 요청하고 있다. 채무 위기로 시름을 겪고 있는 남유럽에서는 추가 융자를 받기 위해 긴축 재정을 받아들이지 않을 수 없다. 미국에서도 의회의 반대 등으로 이 이상의 재정 정책은 취하기 어렵게 되어 있다. 일본에서는 노다 요시히코野田佳彦 제95대 2011년 9월~2012년 1월 재임정권이 소비세를 올리는 쪽으로 방향을 튼 바 있다. 중국은 인플레이션 우려가 있어서 쉽사리 대규모 재정지출을 행할 수 없다.

이러한 상황에서 고용을 늘리기 위해서는 수출을 확대하는 것이 가장 빠른 지름길이다. 세계는 다시금 해외 시장을 둘러싸고 치열한 국가 간 경쟁을 반복하던 케인즈 이전의 세계로 돌아가려 하고 있다.

깊어만 가는 선진국과 신흥국의 대립

이대로 1930년대의 통화전쟁 같은 치열한 역사가 반복될지 아닐지는 아직 알 수 없다. 그런 까닭에 어디까지나 리스크 시나리오를 통해 전망해보고자 한다.

현대의 통화전쟁을 생각할 때 특히 주목해야 할 점은 서방 선진국과 신흥국 사이의 대립이다. 금리를 내려 통화의 가치를 낮추는 정책은 구미 국가들에게 일석이조의 효과로 이어진다. 디플레이션 우려가 강한 서방 선진국에서 금리 인하는 지금 당장 취해야 할 금융 정책이다. 무역 면에서 보자면 통화 절하는 수출을 유리하게 하며, 수입을 억제함으로써 단기적인 고용 개선을 기대할 수 있기 때문이다. 예컨대 10%의 평가 절하는 수입품에 대한 10%의 관세, 그리고 수출품에 대한 10%의 보조금과 같은 효과를 지닌다. 선진국으로서는 이런 상태를 마다할 하등의 이유가 없다. 인플레이션 우려가 본격화하지 않는 한 지금과 같은 저금리·통화 약세 정책을 단속적으로 사용하는 것이 상책이다.

거꾸로 선진국에 의한 통화 절하 정책의 쓰나미를 맞이하는 곳이 대對선진국 수출을 주도하며 성장해온 신흥국이다. 이들 나라는 계속 이어온 경제 성장으로 인플레이션 압력에 직면해 있다. 통화 강세는 장기적으론 인플레이션 압력을 억제하지만, 단기적으론 수출 산업에 타격을 가한다.

또 단기적인 투기 자금의 유입에 따라 버블이 조장되며, 선진국들이 금융 긴축으로 전환 시 자금 역류에 의한 급격한 통화 가치 하락과 버블 붕괴를 불러올 우려가 있다. 선진국의 금융 정책에 따라 세계의 자금 흐름이 크게 바뀌기 때문에 그 움직임에 신흥국이 휘둘리게 되고 마는 것이다.

미국과 중국의 경제 마찰

이러한 대립과 관련하여 향후 주목해야 할 사항은 역시 미국과 중국의 관계일 것이다. 미국 의회는 중국이 부당하게 위안화 약세를 유도하여 미국에 수출 공세를 강화하고 있다고 보고, 오바마 정권에 대항하는 조치를 취하도록 다양하게 압력을 가하고 있다. 통화 약세 경쟁은 디플레이션을 회피하고 수출을 늘리고자 하는 미국과, 인플레이션을 회피하고 수출을 유지하고자 하는 중국 사이의 마찰을 격화시키고 있다.

한편 중국의 입장에서 보자면 급격한 위안화 강세는 피해야만 한다. 내수 확대가 긴요하다는 주장도 일리가 있지만 아직 국내 소비 시장의 규모가 작은 중국에서는 급격하게 내수가 확대되진 않는다. 2008년의 리먼 브라더스 사태 당시 시행한 대규모 재정지출은 중국 내의 과잉 투자에 박차를 가했을

뿐만 아니라 인플레이션을 가속화시키는 등 커다란 부작용을 불러왔다. 이미 상당히 부풀어 있는 부동산 버블도 우려스럽기 때문에 중국으로선 더 이상 정부 주도형 내수 확대를 도모할 수 없다는 것이 정확한 실상일 것이다. 따라서 장기적으로는 어쩔지 모르지만 단기적으로는 위안화 강세를 완만히 억누르며 수출 산업의 경쟁력을 높여가는 방법을 취할 수밖에 없을 것이다.

문제의 근원은 글로벌 임밸런스

이 같은 통화를 둘러싼 선진국과 신흥국과의 대립을 보다 깊이 들여다보면, 1990년대 후반부터 급격하게 진행된 글로벌 임밸런스Global Imbalance, 즉 세계적인 경상수지 불균형의 문제에 다다른다.

영국의 전 수상인 고든 브라운Gordon Brown은 『뉴스위크』에 기고한 글에서, 앞으로 EU와 미국이 저성장으로부터 벗어나기 위해서는 아시아 시장이 구매에 나서 성장을 떠받쳐주는 것밖에는 방법이 없다고 썼다.[20] 지금까지 구미는 아시아에서 물건을 구매해줌으로써 아시아의 성장을 떠받쳐왔다. 이번에는 거꾸로 할 차례라는 것이다. 아시아의 저축 과잉을 경상수지 흑자와 결부시켜 생각해보면, 그 원인은 아시아의 내수가 적다는 데 있다. 이것을 개선하고 현재의 임밸런스를 시정해야 한다 ─ 특히 아시아가 내수를 진작시켜 세계 경제의 리밸런스Rebalance를 도모해야 한다. 이것이 브라운의 핵심적인 주장이다.

[그림8] 주요국과 주요 지역의 무역수지

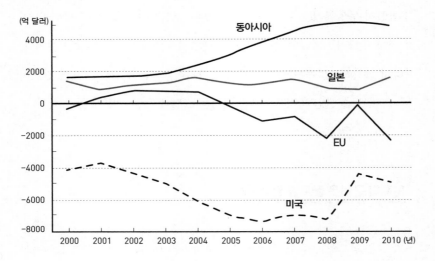

일본무역진흥회JETRO의 무역 통계 데이터 참조

[그림8]은 2000년대 무역의 흐름인데, 이를 보면 미국의 수입 과잉이 두드러진다. 미국이 일방적으로 경상수지 적자를 확대시키는 글로벌 임밸런스가 미국의 주택 버블, 나아가선 리먼 브라더스 사태의 한 원인이 되었던 것을 생각하면, 이 문제의 시정은 불가결하다. EU 또한 2005년부터 수입 초과가 지속되고 있다. 세계 경제의 리밸런스가 필요하다는 관점에서 보면 '현재의 달러 약세, 유로 약세는 인정받아 마땅하다'라는 유럽과 미국 측의 주장은 타당하다고 할 수 있다.

달러 약세로 무역 불균형은 시정할 수 없다

그러나 문제는 통화 약세에 의한 수출 확대가 세계 경제의 임밸런스 시정에 얼마나 효과를 발휘할 것인가이다. 특히 미국의 경우 경상수지 적자는 20년 이상 지속되고 있다. 무역의 주력 품목이라 할 내구 소비재 등의 제조업은 경쟁력을 상실한 지 이미 오래되었고, 가령 달러 약세가 더 강화된다 해도 그것만으로는 미국의 경상수지 적자가 쉽사리 해소될 수 없는 상황에 놓여 있다.

1980년대 미국과 일본의 경제 마찰은 바로 그런 점을 단적으로 보여주었다. 당시 일본은 전자와 자동차 부문을 중심으로 대미국 수출을 확대하고 있었다. 이에 격분한 미국의 산업계는 일본의 '집중호우식 수출'을 저지하기 위해 다양한 수단을 강구했다. 그중 하나가 일본에 대한 내수 확대 요구였다. 일본의 무역 흑자는 저축 과잉에 문제가 있다고 보고, 일본의 내수 확대를 요구한 것이다.

또 하나가 달러 강세의 시정이었다. 1985년의 플라자 합의로 달러 약세 유도 선언이 이루어졌다. 이로 인해 일본은 급격한 엔고에 직면했고, 이윽고 수출 산업을 중심으로 일본 경제는 심각한 타격을 받았다. 그리하여 엔고 불황을 타개하기 위해 저금리 등 내수 확대 정책을 취한 것이 부동산을 중심으로 한 버블 형성에 박차를 가했다. 이 때문에 일본의 '잃어버린 10년'은 플라자 합의로 촉발되었다는 설이 지금도 일본의 정계와 재계에서 폭넓게 지지받고 있다.[21] 오늘날 중국이 직면하고 있는 상황은 이때의 일본과 매우 흡사하다고 볼 수 있다.

중요한 것은 이때의 달러 약세 유도는 미국의 무역수지를 결코 개선하지 못했다는 사실이다. 이미 쇠퇴 일로에 있던 미국의 제조업은 환율 면에서 달러 약세를 유도하는 정도로는 회복될 수 없었던 것이다.

통화의 평가 절하로 산업 공동화는 막을 수 없다

그 이유는 다양하게 거론되지만, 그중 한 가지를 꼽자면 제조업이라는 산업은 기술과 지식의 견실한 축적으로 성립된다는 점이다. 제조업의 우위성을 결정짓는 것은 단순한 비용 경쟁력만이 아니라, 설계·제조와 관련된 기술과 지식, 인재의 조직적인 축적, 나아가 이 모두를 짜임새 있게 활용할 수 있는 지역 네트워크이다.[22]

바꿔 말하자면 모든 산업은 해당 토지의 유형·무형의 다양한 자본으로 뒷받침된다. 이것은 모든 산업 — 농업, 서비스업 등 — 에 동일하게 적용되지만, 특히 제조업의 경우 더욱 그렇다고 말할 수 있다.

따라서 한번 잃어버린 산업 경쟁력을 회복하기란 쉬운 일이 아니다. 처음에는 통화 강세로 시작된 제조업의 경쟁력 저하가 다음 단계에는 환율 요인 이상으로 생산 능력 그 자체에 영향을 받는 양상으로 바뀌어간다. 미국은 1970년대부터 전자에서, 1980년대부터는 자동차에서 그와 같은 경향이 나타나기 시작했다. 이미 20년 이상이나 쇠퇴 일로를 걸어온 미국의 국내 제조업은 쉽사리 과거의 지위로 되돌릴 수 없는 상황이다.

이것은 미국만의 문제가 아니라, 향후 일본도 진지하게 생각해봐야 할 문제이다. 미국의 사례에서도 볼 수 있는 것처럼 일단 시작된 산업 공동화, 보다 정확하게 말하면 '탈 – 제조업de - industrialization'의 흐름은 쉽사리 되돌릴 수 없다.

또한 현대의 세계화는 제조업의 부품 공급과 조립을 해외에 위탁하는, 이른바 아웃소싱 경향을 가속화하고 있다. 예컨대 애플은 이제 시가 총액에서 세계 최대 기업에 오르내리지만, 생산품은 대부분 아시아 생산 네트워크에 의존하고 있다. 애플만이 아니다. 1990년대 이후 미국은 IT 등 다양한 분야의 신산업을 생성했지만, 대개 미국 국내가 아니라 처음부터 해외의 아웃소싱을 기반으로 사업을 전개하고 있다.

이러한 아웃소싱은 비용이 싸게 먹힌다는 이유만으로 행해지지 않는다. 아시아 각국의 제조업의 우위를 이용한 효율적인 공급 사슬Supply Chain 구축이라는 전략적 경영 판단 아래 이루어지고 있다. 그 밖에도 디지털 시대에 가전과 자동차는 점차 범용 상품으로 자리 잡아가고 있다는 점도 무시할 수 없을 것이다. 제품의 설계 단계에서 모듈화가 진행되어 조립 부품의 숫자가 줄어들고 있기 때문에 신흥국의 기술이나 생산이 선진국을 따라붙는 속도가 아날로그 시대에 비해 비약적으로 빨라지고 있다.

달러 약세로 돌아서면 미국 국내로 공장이 돌아오리라고 생각할지도 모르겠으나, 위와 같이 현실은 이미 너무 바뀌어 있다. 중국의 인건비 상승과 위안화 강세로 인해 앞으로 미국 국내로 부분적으로는 공장이 되돌아올 가능성이 있지만, 경영 합리성을 생각해볼 때 그렇게 하는 기업은 생각보다 많지 않을 것이다. 그보다는 오히려 중국에 비해 생산 비용이 싸게 먹히는 개발도상국으로 생산 기지를 옮기는 편이 더 합리적이다. 자본이 수시로 이동하는 세계화 시대에는 일단 밖으로 나간 생산 거점이 본국으로 되돌아오기란 쉬운 일이 아니다그런 추세를 되돌리기 위해서는 상당히 명시적인 보호주의 정책이 필요하다.

따라서 미국의 경상수지 적자를 전제로 한 현재의 글로벌 임밸런스는 다소 시정이 될지 모르나 기본적으로는 계속되리라고 간주해야 할 것이다. 현재의 세계화가 지속되는 한 미국은 채무국으로서의 지위에 계속 머물게 될 것이라는 판단이 자연스럽다.

이런 곤란한 상황 속에서 달러의 지위를 어떻게 지켜나갈 것인가가 미국의 국익 보전의 중심축이 될 것이다. 미국으로서는 무리하게 경상수지를 리밸런스시키기보다는 경상수지 적자를 어느 정도 감수하는 가운데 해외로부터 자금이 몰려들던 리먼 브라더스 사태 이전의 경제로 돌아가는 편이, 달러 가치의 방어나 국내 사정으로나 훨씬 낙관적인 시나리오이다.

패권국 부재라는 불행

세계 경제 위기로 인해 발생한 '경제전쟁'은 불황이 장기화하는 한 좀처럼 출구가 보이지 않는다. 잠깐 소강기에 들어섰다가도 조금만 위기가 심각해지면, 다시 불황으로 빠져들 가능성이 크다. 아마도 이런 상황이 끊어졌다

이어졌다 할 것이다.

말할 나위도 없이 이런 시나리오는 위험하다. 그것은 한편으로 국가 간의 대립과 알력을 키운다. 세계 경제가 확대되고 있을 때에는 각국의 수출 확대가 문제되기는커녕, 오히려 바람직하다고 말할 수 있다. 그러나 세계 경제가 정체 혹은 축소되고 있을 때 각국이 수출 확대에 매달리면, 순식간에 국가 간 대립이 격화되고 만다.

제4장에서 상세히 살펴보겠지만, 제2차 세계대전을 치르고 얼마 안 돼 구축된 브레튼우즈 체제는 전전의 통화 절하 경쟁과 그에 뒤이은 블록화라는 제1차 세계화의 실패에 대한 반성 아래 마련되었다. 그 뒤 1970년대까지 30년 동안은 유럽, 미국, 일본 등의 주요국에서 내수 확대가 진행되어 사회제도가 충실해짐으로써 '자본주의의 황금시대'라고도 불린 시대를 체험했다.

그러나 이번에는 똑같은 해결책을 취하기가 어려울 것이다. 현대의 경제 위기는 유럽과 미국의 국력이 상대적으로 저하 경향을 보이는 현실 아래 벌어진 사태이기 때문이다.

전후에는 미국이 보유한 힘의 우위 아래 브레튼우즈 체제가 수립되었고, 달러를 기축 통화key currency, 국제적인 결제나 금융거래의 기본이 되는 통화·옮긴이로 삼은 국제 경제 질서의 회복이 도모되었다. 그러나 현재 미국에는 그럴 만큼의 지도력이 없다. 1940년대에는 세계 최대의 채권국이었던 미국이 지금은 세계 최대의 채무국으로 전락해 있다. 그리고 과거 미국의 역할을 수행할 나라 또한 존재하지 않는다.

글로벌 경제는 국가 간의 불균형을 끌어안고, 앞으로도 불안정하고 위태로운 상태가 이어질 것이다. 지금 벌어지고 있는 통화전쟁은 그 같은 커다란 역사의 맥락 속에서 파악할 필요가 있다.

팍스 아메리카나의 종언?

냉전이 끝난 후 미국에 의한 평화Pax Americana라는 논의가 무성해졌다. 소련이 붕괴되고 유일한 초강대국으로 올라선 미국이 유럽 및 일본과의 협조를 유지하면서 국제 질서의 유지를 위해 적극적인 역할을 수행함으로써 평화가 실현될 것이라는 견해였다.

그러나 사태는 그처럼 단순하게 전개되지 않았다. 미국에 의한 아프가니스탄 전쟁이 실패로 끝나가고 있다는 점으로도 분명한 것처럼, 미국은 그다지 자국에 유리한 세계를 구축하지 못하는 상태에 놓여 있기 때문이다.

리먼 브라더스 사태는 그렇잖아도 무너진 미국의 위신에 더욱 큰 상처를 입히고 말았다. 그 결과 이란의 핵개발, 러시아와 조지아의 전쟁, 동중국해·남중국해의 해양 권익을 둘러싼 중국과 주변국의 분쟁 등 소란스런 사건들이 빈발하고 있다. 미국에 의한 평화는 이제 세계 곳곳에서 도전당하는 형국이다.

이러한 국제 정치의 움직임은 경제의 움직임에도 중대한 영향을 미칠 것이다. 타이완 해협에서 군사적인 움직임이 이뤄지면 동아시아의 생산 네트워크가 크게 혼란을 겪을 것이 자명하다. 중동 산유국에서 전쟁이 벌어지면 오일 쇼크가 다시 발생할 것이다.

　가령 전쟁이 일어나지 않는다 해도 단지 일어날지 모른다는 전망이 대두하는 것만으로도 세계의 상품 시장과 금융 시장이 크게 교란된다. 리먼 브라더스 사태 후의 경제 혼란은 이러한 지정학적 리스크에 의해서도 증폭되었다.

빗나간 프랜시스 후쿠야마의 예측

　돌아보면 미국에 의한 평화의 도래라는 패러다임의 사상적인 뒷받침을 한 것이 프랜시스 후쿠야마Francis Fukuyama의 『역사의 종말』이었다.[23]

　후쿠야마는 인류의 역사가 보편적인 정치 체제를 추구해온 전쟁의 연속이었다고 하면서, 그 종착점이 민주주의라고 보았다. 이를 후쿠야마의 언어로 표현하자면 '리버럴 데모크라시Liberal Democracy, 자유민주의'라고 하겠다. 프랑스 혁명을 통해 태어난 민주주의는 전체주의 및 파시즘, 공산주의 같은 라이벌을 물리치며 인류의 보편적인 정치 체제임을 증명했다. 그리고 앞으로는 민주주의가 전 세계적으로 확대되는 방향으로 진행될 것이라고 예측했다.

　지금은 독재 정치를 행하는 개발도상국도 경제 개발이 진행되면 민주주의가 발전한다. 그리고 민주주의가 확대된 '역사' 후의 세계에서 사람들의 투쟁심특히 타인에 비해 우월해지고자 하는 욕망은 오로지 경제와 취미의 세계에서나 발휘될 것이므로 전쟁이라는 수단에 쉽사리 의존하지 않게 된다. 그러므로 세계는 더한층 평화로워질 것이라는 주장이다.

이런 견해는 냉전 뒤의 세계가 나아갈 길을 가리킨 것이라 하여 커다란 반향을 일으켰다. 그러나 그로부터 20여 년이 지난 오늘날 과연 후쿠야마의 예측은 타당했는가? 현실은 도무지 그렇게 보이지 않는다.

분명히 개발도상국의 경제 발전은 성과를 보였다. 1990년대 이후 신흥국의 경제 성장률은 세계 평균을 웃돌았다. 석유와 자원 가격의 급등으로 러시아는 체제 붕괴 뒤의 혼란에서 회복되었다. 중국은 선진국의 기술을 유치하고, 거기에 자국의 값싼 노동력을 결합시킴으로써 수출을 중심으로 급격히 성장하고 있다. 이들 나라는 냉전 후의 세계화의 흐름을 잘 이용하여 성장을 이룰 수 있었다.

그러나 이들 나라가 착실하게 민주화의 길로 나아갈 것이라 볼 수 있을까? 아마도 이 질문엔 누구나 고개를 갸웃거릴 것이다. 러시아에서는 푸틴의 등장 이후 독재의 그림자가 짙어지고 있다. 중국은 경제를 자본주의로 전환했지만, 공산당에 의한 일당 지배는 완고하게 지켜나가고 있다.

또한 신흥국의 경제 발전이 반드시 평화를 증진시킨다고도 생각할 수 없다. 지금까지 진행되어온 상황을 살펴보면, 사태는 오히려 그와 정반대라는 견해도 가능하다. 러시아와 중국으로 대표되는 신흥국의 대두로 세계의 군사력 균형은 잇따라 변화하고 있다. 조지아 전쟁, 동중국해·남중국해의 영토 분쟁은 그런 사례 가운데 극히 일부라고 해야 할 것이다.

이들 나라는 미국에 의한 평화에 순순히 따르지 않는다. 러시아는 소련 붕괴로 잃어버린 세력권을 되찾으려 하고 있고, 중국 또한 해군력을 증강시켜 동아시아의 질서 변경 세력으로 등장하고 있다. 세계화에 따라 전 세계의 국가들이 자본주의를 택하고 경제 발전이 이뤄져도 과거부터 존재하는 지정학적인 대립은 사라지지 않는다. 최근 사태의 추이를 보면 대립은 오히려 더욱 촉진되고 있다고도 할 수 있다.

정부가 지도하는 '국가' 자본주의

2010년에 이안 브레머Ian Bremmer라는 미국의 정치학자가 『자국 시장의 종언 — 국가자본주의와 어떻게 싸워야 할까?』라는 책을 출판하여, 급격한 경제 발전을 이루는 중국과 러시아, 아랍에미리트 연방UAE: United Arab Emirates을 중심으로 한 신흥 자본주의의 존재 방식에 대해 상당히 적확한 분석을 행했다.[24]

브레머는 러시아와 중국의 경제 모델을 정부가 지도하는 자본주의를 의미하는 '국가자본주의'라고 부르는 한편, 이것이 유럽의 '자유시장자본주의'와 매우 다른 원리로 움직이고 있다고 설명한다.

과거에는 유럽과 미국의 다국적 기업이 국가라는 틀을 뛰어넘어 글로벌하게 세계 시장을 좌우한다는 견해가 주류를 이뤄왔지만, 최근 들어 그 경향이 뚜렷하게 바뀌고 있다. 즉 신흥국의 정부 보유 기업 또는 정부가 컨트롤하는 기업이 세계 경제 무대로 속속 대두하고 있으며, 경제 영역뿐만 아니라 정치 분야에도 크게 영향을 미치기 시작했다. 이러한 정부 주도 국가 자본주의가 최근 들어 종래의 미국·일본·유럽을 중심으로 한 자유시장자본주의를 위협하고 있다는 것이 브레머의 분석이다.

그러면 국가자본주의가 대두하여 자유시장자본주의를 위협한다는 것은 도대체 무슨 의미인가? 그것을 검증하려면 먼저 국가자본주의와 자유시장자본주의가 어떤 차이가 있는지를 분명히 해둘 필요가 있다.

러시아와 중국 등 옛 사회주의 국가는 자본주의로 전환했지만, 정부가 여전히 민간 기업을 통제하고 있다. 국가의 기간 산업은 국영으로 하든가 정부가 과반수의 주식을 보유하고 있다. 이것은 과거의 공산주의와는 다르지만, 유럽과 미국형 자본주의와도 다르다. 모든 것을 시장에 맡기는 것이 아니라 국가 전략상 중요한 부분에 대해서는 정부가 통제권을 쥐고 경제 전반을 장악하고 있는 것이다.

러시아에서는 한차례 민영화된 천연가스와 석유 등 천연자원의 권익을 정부가 다시 수중에 거둬들였다. 그리고 이들 품목의 수출에서 벌어들이는 수익을 국가 재정에 편입함으로써, 다시금 군사력의 강화를 도모하고 있다. 자본주의를 어디까지나 정치적 목적 아래 운영하고 있는 것이다.

중국은 조금 사정이 다르지만 정치적 목적으로 자본주의를 이용한다는 점에서는 마찬가지이다. 중국의 목적은 공산당 일당 지배를 유지하는 것이라고 보아도 무방할 것이다. 그 목적을 위해서는 지속적으로 경제 성장을 이루지 않으면 안 된다. 경제 성장을 통해 고용이 창출되면 체제에 대한 불만을 억누를 수 있기 때문이다. 그 목적을 위해 선택한 방법이 연해 지역의 제조 기업을 중심으로 수출을 촉진하여 흘러넘치는 노동력을 흡수하는 것이었다. 그렇게 하여 고용을 창출하는 것이 공산당 지배를 보장해주는 중대한 생명선이다.

또한 산업에 긴요한 원유와 천연가스 등의 천연자원을 장기적으로 확보하기 위해 3대 석유 회사로 대표되는 에너지 기업을 정부가 적극적으로 뒷받침하며 해외 권익의 확보에 나서고 있다. 수출로 벌어들인 외화 가운데 일부는 국부펀드SWF: Sovereign Wealth Fund를 통해 국가 전략을 추구하는 자금 — 코스타리카의 타이완 승인을 저지하기 위해 3억 달러를 융자하는 등 — 으로 이용하고 있다. 해외 농지와 수자원, 전략적으로 중요한 토지의 구입 등 정부의 의향에 따른 중국 자본의 해외 진출은 앞으로도 계속될 것이다. 이러한 해외 권익의 확보 또한 정부가 세운 목표 가운데 하나라고 할 수 있다.

중국과 러시아가 채택하고 있는 경제 모델을 '국가자본주의'로 파악하는 브레머의 견해에는 일정한 설득력이 있다.

'개발독재' 모델과는 다른 국가자본주의

과거 한국이나 싱가포르에서도 정부가 주도하여 경제 발전을 행하는 '개발독재'라 불린 모델이 있었다. 한국과 싱가포르의 경우에는 발전 단계가 진전됨에 따라 민주화도 진전되었다.

그러나 중국이 그 길을 밟을 것이라는 보장은 없다. 국내에 여러 민족이 공존하는 제국형 국가에 서유럽형 민주주의가 과연 바람직할지는 미지수이기 때문이다. 중국이 향후 공산당 일당 지배를 유지한다는 목적을 견지한다면 중간층 육성에 그다지 힘쓰지 않을 것이라고 생각된다. 그보다는 환율과 인건비 상승을 억눌러가며 수출을 지속적으로 확대해 나가는 종래의 전략을 가능한 한 유지하려 들 것이다. 그리고 수출로 벌어들이는 외화를 군사·외교상의 카드로 사용하는 길을 선택할 것이다.

최근 들어 뚜렷해져가는 중국의 주변국에 대한 강경 자세는 국방 문제의 불안과 표리일체를 이루고 있다. 국경선이 긴 중국이 주변국의 간섭을 받지 않을 정도까지 — 그리고 주변국에 압력을 가할 정도까지 군사력을 증강하기 위해서는 아직은 시간이 필요하다. 사실 중국의 국방비는 리먼 브라더스 사태 후에도 연평균 10% 정도씩 늘고 있다. 이처럼 신경과민으로까지 여겨지는 중국의 국방의식은 과거 육지와 바다 양면으로 침략당했던 역사에서 유래된 것이다. 이런 사정을 생각하면 과거의 개발독재 국가처럼 경제 발전에 따라 중국 또한 체제를 바꿀 것이라고는 쉽사리 상상할 수 없다.

현대판 중상주의

이처럼 정부가 주도하는 러시아와 중국의 체제는 과거 서유럽 국가들이 채용했던 중상주의와 매우 닮았다. 17세기부터 18세기에 걸쳐 서유럽에서는 네덜란드, 영국, 프랑스 등 간에 해외 무역의 이권을 둘러싸고 마치 전국시대戰國時代와도 같은 투쟁이 계속되었다. 중상주의는 이 시대를 특징짓는 경제 체제이다. 왕과 귀족이 외국 무역을 행하는 상인과 결탁하여, 그들에게 특권을 부여하고 독점을 인정하는 대신 일부 배당액을 챙기는 것이 주요 특징이었다.

영국에서는 동인도 회사와 허드슨만 회사처럼 국가의 그런 후원을 얻은 무역 기업이 아시아와 북아메리카의 자원과 시장을 노렸다. 그것은 동시에 국가의 군사적 목적과도 연결되어 있었다. 왕과 귀족은 무역을 통해 얻은 수익을 전쟁과 외교의 군자금으로 이용했다.

중상주의는 무역 흑자의 확대를 노린 경제 체제였다. 거기에서 거둬들인 외화를 국가의 군사적 목적이나 왕과 귀족의 지배과두제를 유지하기 위해 충당했던 것이다. 그러한 구조는 현대의 '국가자본주의'와 아주 흡사하다고 말할 수 있겠다. '국가자본주의' 또한 무역 흑자에 따른 외화 획득을 지배계급의 유지와 군사적 목적에 이용하는 체제라고 볼 수 있기 때문이다.

국민을 행복하게 해주지 않는 중상주의 — 애덤 스미스의 비판

그런데 중상주의에는 커다란 문제가 있었다. 그것을 처음으로 지적한 것이 경제학의 태두 애덤 스미스Adam Smith의 『국부론』이다.[25]

스미스가 행한 중상주의 비판의 핵심은 중상주의는 국민 전체의 행복으로 연결되지 않는다는 점이었다. 국가가 무역 상인에게 주는 특권은 원래 대로라면 국내의 농업과 공업 분야로 향해야 할 자본 배분을 왜곡하고 만다. 그런 까닭에 일부 상인만이 돈을 버는 구조가 아니라, 국내의 분업을 진전시켜 국민 전체가 저마다 번영을 분점하는 구조로 만들어야 한다고 주장했다.

스미스는 그 수단을 무역을 포함한 경제 전체의 자유화에서 구했다. 바로 그런 점 때문에 오늘날 신자유주의의 원조라고 간주되곤 한다.

그러나 스미스가 자유화를 제창했던 것은 어디까지나 국내 분업을 진전시켜 부를 국민에게 널리 확산시키기 위해서였다. 자유화는 그 목적을 위한 수단으로 간주되었던 것이다.[26] 국민 전체의 경제 기반이 강화되면 세수税收가 늘어나 민정과 군사 분야에 쓰일 자금 또한 늘어난다.

국민에게 부를 분산하는 것이 국민의 통합으로 이어지고, 나아가서는 강대한 국가를 만드는 길이라는 것이 스미스의 생각이었다. 스미스가 지은 책의 타이틀원제는 「모든 국민의 부의 성질과 원인에 대한 탐구An Inquiry into the Nature and Causes of the Wealth of Nations」에 '국민'이란 단어가 들어가게 된 데에는 이와 같은 배경이 자리 잡고 있다.

정부의 관여가 강화된 미국

이렇게 중상주의에 대해 깊이 생각하다 보면 과연 브레머가 말하는 정도로 미국형 자유시장자본주의와 러시아·중국을 비롯한 국가자본주의 사이에 차이가 있는가에 대한 의문이 떠오른다. 본질적으로 자유시장 자본주의와 국가자본주의의 '차이'는 그렇게 명확하지 않다.

분명 자유시장주의권에서는 일당독재도 없거니와 대외적 군사적 확장의 선언을 대놓고 공표하는 국가도 없다. 그러나 리먼 브라더스 사태 이후 확실해진 경향을 살펴보면, 미국을 비롯해 자유시장주의권에서도 정부의 컨트롤이 강화되고 있다. 특히 경제에 관해 어느 나라나 정부가 전면에 나서서 관리하는 경향이 강화되고 있는 것처럼 보인다.

미국이 '대마불사大馬不死'를 증명이라도 하듯이 BOA 등의 금융기관이나 GM, AIG같이 위기에 처한 기업들의 전면적인 구제에 나선 것이 좋은 사례이다. 에너지 전략과 관련하여 중국이 군사력을 방패 삼아 무리하게 석유 자원 확보에 나선다는 평가가 있지만, 미국 또한 중남미나 서아프리카 등지에서 풍부한 자원을 확보하기 위해 중국과 유사한 양상의 권익 확대를 꾀하고 있다. 석유 등의 전략 물자는 어느 나라나 국가의 생존과 관계되기 때문에 만사를 제치고 확보 경쟁에 나서게 된다.

또 통화에 대해서도 중국이 달러 패권에 도전할 경우에는 필시 이를 방어하려 들 것이다. 달러의 기축 통화로서의 지위, 즉 달러를 자유롭게 발행할 수 있는 지위를 미국이 절대로 포기할 리가 없기 때문이다.

자본주의는 모두 본질적으로 국가자본주의

국가는 단순한 경제적인 존재가 아니라 다른 국가에 대항하며 국익을 지키려 드는 정치적·군사적인 존재이기도 하다. 그렇게 생각하면 자유시장자본주의라고 하지만 한 꺼풀만 벗겨보면 국가자본주의적인 측면을 고스란히 드러내게 된다.

이에 더해 세계화는 문자 그대로 글로벌하게 활동하는 기업과 투자가를 어떻게 우대해줄 것인지에 관해 각국이 신경을 집중하는 것을 가리킨다. 국내에서의 빈부 격차 확대를 외면하고 행하는 우대 정책은 틀림없이 중상주의적인 경향이라고 할 수 있겠다.

오늘날의 정부는 국민 가운데 '1%'의 소득 상위층을 위해 존재한다는 불만이 터져 나오는 까닭이 여기에 있다. 경제 성장을 실현하기 위해 국민에게 상당한 희생을 강요하고 있는 실정이다. 오늘날 자본주의 국가가 속속 돌입하고 있는 상태는 국민 없는 국가자본주의이다.

충격에 취약한 신흥국

이러한 상황에 대해 애덤 스미스가 200여 년 전에 가한 비판은 오늘날에도 유효하다. 중상주의는 일부 상인에게 부를 몰아주는 것으로, 국내적으로 심각한 분열을 초래한다. 이와 똑같은 상황이 오늘날의 '국가자본주의'에 대해서도 적용된다고 하겠다.

현대 중국은 수출 기업이 집중된 연해 지역으로 부가 집중하고 있다. 부의 편재는 내부의 대립을 생성한다. 중국의 내륙 지역을 중심으로 해마다 10만 건이 넘는 폭동이나 시위가 벌어지는 사정은 잘 알려져 있다. 정부와 부유층의 유착, 관리의 독직에 대해서도 불만이 높아가고 있다. 만일 거기에 실업 증대가 가세할 경우 중국인들의 정부 비판은 더욱 거세지게 될 것이다. 향후 세계 경제의 감속으로 수출이 타격을 입게 되면, 그것은 단순한 경제 문제로 끝나지 않는다. 국가의 토대가 흔들리는 사태로 발전할지도 모른다.

이런 상황은 러시아도 마찬가지이다. 석유와 천연가스의 가격 하락은 정책 기반의 약화로 직결되기 때문이다. 향후 세계적인 불황이 장기화하면 할수록 격렬하게 전개될 국내의 반정권 운동을 억누르지 못하게 될 것이다.

'국가자본주의'는 수출에 의한 경제 성장을 전제로 한 체제이다. 세계은행의 통계에 따르면 GDP에서 차지하는 수출 비중은 중국이나 러시아 모두 30%를 넘어섰다. 이러한 수출 중심의 경제 발전 모델은 글로벌 경제가 순조로울 때에는 그 기세에 편승하여 잘 돌아가지만, 글로벌 경제의 조화가 무너지는 순간 여지없이 취약성을 드러내고 만다. 가령 미국이나 EU가 향후 보호주의 색채를 강화하면 그 타격이 심각할 것이다. 1930년대에 미국과 영국의 블록 경제화의 타격을 받은 나라가 독일과 일본이었던 것과 닮은꼴 구조이다.

국가의 내부 붕괴 시나리오

현대에 과거와 똑같은 일이 반복될 경우 어떤 귀결을 맞이하게 될 것인가? 확실하게는 알 수 없지만 제1차 세계화는 결국 전쟁으로 귀착되고 말았다. 현대에도 전쟁이 벌어지리라는 시나리오를 상정해보는 것이 결코 지나친 가정인 것만은 아니다.

그러나 그 이상으로 더 경계해야 할 것은 국가의 내부적 파괴라는 시나리오이다. 북아프리카와 중동에서는 정권에 불만을 품은 청년들의 폭동이 정권을 무너뜨리는 상황으로까지 발전했다. 지금 권위주의적인 정치 체제를 취하고 있는 나라들이 두려워하고 있는 점은 그런 세찬 물결이 자국 안으로 파급되는 사태이다.

세계화가 진전된 오늘날에는 IT 미디어와 인적 네트워크를 통해 해외의 정보가 국내로 들어온다. 또한 외국에 체류하는 반정부 활동가도 언론 등을 통해 얼마든지 국내 상황에 간섭할 수 있다. 권위주의 체제에서는 이러한 언론에 대해 엄격한 통제를 가하게 마련이다. 그러나 튀니지와 이집트의 폭동 사태를 통해서도 알 수 있는 것처럼 이러한 움직임을 원천봉쇄하기란 여간 어려운 일이 아니다.

또한 구 공산주의 국가에서는 사회주의 시대를 그리워하는 목소리가 점차 확산되고 있다. 이는 자본주의를 도입함으로써 빈부 격차가 확대된 것에 대한 반동이라고 이해해야 할 것이다. 그리고 국민에게 그런 점에 대한 반발이 높아지면, 거기에 편승하는 정치가 또한 등장하게 마련이다.

예컨대 중국에서는 2012년 3월, 충칭 시장인 보시라이薄熙來가 실각하며 자리에서 쫓겨났다. 이때 원자바오溫家寶 총리는 전국인민대표대회 뒤의 회견에서 "문화혁명의 역사적 비극을 반복할지 모른다"고 의미심장한 발언을 했다.[27] 이는 보시라이의 '창훙타흑唱紅打黑. 마오쩌둥의 문혁의 정신으로 돌아가 독직을 일소한다' 운동을 의식한 것이라고 보도된 바 있다. 사회주의 시대를 찬미하는 것은 현재의 자본주의 체제에 대한 비판을 반증한다. 이러한 점으로 보아도 정부가 얼마나 체제 비판의 확대를 두려워하고 있는가를 잘 알 수 있다.

선진국에서도 진전되는 사회 해체

그러나 '국가자본주의'가 많은 문제를 품고 있다고 해서 '자유시장자본주의'가 반석 위에 올라가 있다는 뜻은 아니다. 서구의 자본주의 또한 정도의 차이는 있어도 본질적으로 비슷한 문제점을 품고 있기 때문이다.

예를 들어 격차 확대 문제가 있다. 소득 격차는 국가에 따라 차이가 나지만, 1990년대부터 선진국에서도 확대되는 양상이다. 그 원인에 대해서는 다양한 설 — 고도의 IT 기술, 교육 수준, 인구 동태의 변화 등 — 이 존재하지만, 세계화의 영향 또한 무시할 수 없다. 특히 해외 직접 투자로 인해 공장이 해외로 이전됨으로써 노동자의 임금 인상에 제동이 걸리는 것만큼은 틀림없다. 세계화가 진전되면 선진국의 노동자는 개발도상국의 노동자와 경쟁하는 상황에 맞닥뜨리고, 이와 맞물려 대우와 임금에 인하 압력이 발생하는 '바닥치기 경쟁Race to the Bottom'이라는 주장에도 일정한 설득력이 있다.

물론 세계화로 상품을 싸게 구입할 수 있게 된다는 이점도 있다. 개발도상국으로부터 값싼 상품이 유입되기 때문에 소비자로서는 이익을 볼 기회가 많아지는 것 또한 사실이다. 그러나 소비자는 노동자이기도 하다. 1990년대부터 낮은 인플레이션이 계속된 선진국에서는 상품이 값싸지는 메리트를 의식하는 기회보다, 고용 악화와 임금 인하 쪽에 불만을 느끼는 기회가 더 많아졌다. 왜냐하면 소비보다 노동 쪽이 일반적으로 충실한 삶에 더 큰 영향을 미치기 때문이다.

또한 조세 시스템의 변화에 따라 고소득층의 조세 부담률이 낮아진 것이 격차 확대를 조장하고 있다는 점도 중요하다. 특히 미국에서는 1980년대의 레이건 개혁 이후 소득 상위 1%를 차지하는 초고소득층이 차지하는 부의 점유율이 급격하게 올라갔다. 부의 편중은 호황 때보다 불황 때 더 강하게 느껴진다. 왜 초부유층에 과세를 하지 않는가 하는 불만은 '1% 대 99%' 시위 등의 형태로 불붙기 시작했다.

세계화 경제가 수출에 가하는 타격은 선진국 중에서도 제조업이 강한 나라들이 더욱 심각하게 받는다. 2008년 리먼 브라더스 사태로 가장 큰 타격을 받은 나라가 바로 일본과 독일이었다. 제조업이 강한 양국은 2000년대 들어 수출 의존도가 급격하게 올라갔다. 그 결과 수출 침체에 따른 충격을 받기 쉬운 상태에 빠져 있었던 것이다.

그리고 보면 '자유시장자본주의'를 채용하는 선진국에서도 격차 확대, 부의 편중, 충격 내성의 약화 등은 이미 남의 일이 아님을 알 수 있다. 방식은 다르다 할지라도, 어느 나라나 '국가자본주의'와 닮은꼴 문제를 크든 작든 드러내 보이기 시작했다.

불안정해져가는 자본주의

이것은 세계화와 자유화를 진전시킨 데 따른 필연적인 귀결이라 할 수 있다. 앞서 살펴본 대로 애덤 스미스는 자유화에 따라 농업, 공업, 상업과 국내의 다양한 산업에 자본과 노동자가 분산되어 국내 분업이 성행할 것이라고 생각했다. 그러나 그것은 어디까지나 18세기의 제1차 세계화가 시작되기 직전에나 통하는 이야기이다. 철도도 아직 증기를 이용하지 않았고, 국경을 넘어선 직접 투자 또한 없던 시대, 즉 국내 교역에 비해 해외 교역의 비용이 훨씬 많이 들던 시대의 이야기였다.

수송과 통신 기술이 엄청나게 진보한 현대는 그때와 사정이 전혀 다르다. 19세기 말의 제1차 세계화 시대부터 해외 교역에 따른 거래 비용이 현저히 줄어들어, 국제 분업이 활발히 이루어졌다.[28] 제2차 세계화가 성행하는 현대 또한 마찬가지이다. 이런 상황에서 자유화를 추진하면 선진국의 자본은 국내에 머무르지 않는다. 경쟁력을 갖추지 못한 국내 산업은 자취를 감추게 된다. 생산성이 낮은 산업은 다른 나라 제품의 수입에 밀려 도태되기 때문이다.

이것이 시대의 필연적인 흐름이라 해도 과거부터 존재한 산업이 쇠퇴해가는 것에 심각한 상실감을 느끼는 사람이 적지 않다. 예를 들어 선진국의 경우 농업은 어디나 곤경에 처해 있다. 농민들에게 농지 상실은 조상 전래의 토지를 포기하는 것이며, 지역 공동체의 인간 관계를 잃어버리는 것이며, 그 토지의 역사와 결부된 문화가 무너져버리는 것이기도 하다. 이는 농민뿐만 아니라 많은 국민들에게도 깊은 상실감을 초래한다.

제1차 세계화 시대 또한 농업 보호에 대해서는 어느 나라에서나 관심을 기울였다. 현대도 같다. 예컨대 최근 일본에서도 환태평양경제동반자협정 TPP을 둘러싸고 격렬한 논쟁이 야기되었지만, 그중 가장 강력한 반대 운동을 벌인 것은 농업 관계자들이었다. 이는 결코 이상한 일이 아니다. 시장의 효율성이라는 척도에서 보면 분명히 비효율이라 하겠지만, 국민의 역사·풍토와 깊이 연결된 농업은 쉽사리 포기해버릴 영역이 아니기 때문이다.

실업은 '자기 책임'인가?

또한 세계화가 진전됨에 따라 각국의 경제가 글로벌 경제의 전체적인 동향으로부터 강력한 영향을 받게 되었다. 약간 극단적으로 말하자면 노동자의 고용과 임금 모두 세계 경제의 거시적 환경 변화에 따라 춤춘다.

경제학자 가운데에는 젊은이들의 취업난을 '젊은이들 자신의 책임'이라고 단정하는 사람도 있다. 분명 그런 측면도 있겠지만, 반드시 그렇게 단정할 수만은 없는 문제도 있다. 예를 들어 리먼 브라더스 사태 뒤 취직을 희망하는 많은 젊은이가 취업 시장에서 배제되고 말았다. 이것을 젊은이의 '자기 책임'이라고 단정할 수는 없다. 얼마 전까지만 해도 똑같은 능력을 가진 사람임에도 마침 호경기였기 때문에 취직할 수 있었기 때문이다.

이러한 불만은 공정하기를 바라는 인간 본성과 깊은 관계가 있다. 정당한 이유가 있는 불평등, 예컨대 완전히 같은 규칙을 적용하여 승부를 가르는 경우에는 그다지 큰 불만이 발생하지 않는다. 그러나 불공평한 규칙 아래 판가름 난 승부에 대해서는 쉽사리 납득하지 못한다. 왜 단지 약간 늦게 태어났다는 이유만으로 자신들의 세대만 엄혹한 처지에 내몰린단 말인가? 심각한 취업난 시대에 젊은이들에게 그런 불만이 생기는 것이 결코 무리는 아니다.

세계화는 '커다란 정부'로 귀결

여기서 주의를 기울였으면 싶은 것이 세계화 속에서 생활이 불안정해진 노동자의 불만을 억누르기 위해 정부의 규모가 커지는 경향을 보인다는 연구 결과이다. 정치학자인 데이빗 캐머런David Cameron은 선진국 정부 규모의 차이를 비교 연구한 끝에, 무역 의존도와 정부 지출 규모가 비례한다는 흥미로운 결론을 이끌어냈다.[29]

같은 선진국에서도 유럽은 미국과 일본에 비해 '커다란 정부'를 운용하고 있다. 즉, 정부 지출 규모가 크다는 이야기이다. 캐머런은 그 원인을 경제 개방도의 차이에서 찾고 있다. 역내 무역이 활성화된 유럽 국가들은 어디 할 것 없이 GDP에서 차지하는 수출입 비율이 1960년대부터 30% 이상이다. 즉, 세계화의 비율이 큰 나라일수록 '커다란 정부'가 되는 경향을 보인다는 결론을 얻을 수 있었다는 것이다캐머런의 연구는 1960년부터 1975년까지의 선진국을 대상으로 한 것이지만, 경제 개방도와 '커다란 정부'의 관계는 후속 연구에서도 확인되고 있다 [30].

이것은 세계화가 초래하는 격차, 또는 급격한 경제적 충격이 몰고 온 실업에 대한 불공정한 느낌 등에 대응하려는 정치권의 움직임이라고 해석할 수 있겠다. 사실 인간에게 직업은 단순히 임금을 얻기 위한 수단 이상의 의미를 가진다. 예를 들어 직장의 인간 관계, 경험을 쌓아나감으로써 얻게 되는 자부심 혹은 기쁨, 기업에 대한 충성심 등 사람에 따라 그 의미는 제각기 다를 것이다. 글로벌하게 연결된 경제의 거시 환경의 변화 — 예컨대 예상하지 못한 경제적 충격 — 에 따라 갑작스런 일자리 상실은 생계 수단의 박탈 이상의 고통을 안긴다.

그것이 일에 대한 보상을 요구하는 목소리로 터져 나온다면, 세계화 속에서 사람들의 불만을 억누르기 위해 정부 규모의 확대가 거의 불가피하게 된다. 신자유주의자가 말하는 것처럼 세계화 속에서 '작은 정부'로 대처하는 것은 사회적 불안과 불만을 크게 만들어 정치를 불안정하게 만들 가능성이 높다고 할 수 있다.

격차가 국가를 망친다

이러한 복지 지원이 아직 부족한 신흥국에게 빈부 격차가 초래하는 사회 불만의 증대는 향후 국가에 위협적 요소로 작용할 것이다. 세계적인 경제 위기로 성장이 둔화되면, 그 위협은 늘어날지언정 결코 줄어들진 않는다.

그리고 그 불만을 이용하여 정권을 장악하려 드는 국내의 세력이 앞으로 끊임없이 출몰할 것임에 틀림없다. 지금까지 호경기의 파도에 올라타 수출을 확대하여 순조로운 경제 성장을 이룩한 러시아와 중국은 내분이 일어날 리스크에 마주치고 있는 것이다.

그러나 그것은 신흥국에 국한된 문제가 아니다. 선진국도 같은 문제에 직면할 것이기 때문이다. 국내의 대립과 민중의 불만을 부추겨 인기를 얻으려는 포퓰리스트가 정치를 흔들어댈 것이다. 제1차 세계화 시대는 전쟁을 통해 막을 내렸다. 제2차 세계화의 미래는 그런 고전적인 지정학적 리스크에 더해, 국내의 내분이라는 또 하나의 리스크에 직면해 있다고 하겠다.

지향해야 할 목표는 국민자본주의

현재의 세계는 미국의 일방적인 대외 적자를 전제로 한 글로벌 임밸런스를 시정하려는 흐름 속에 있다. 그러나 지금까지 살핀 것처럼 이것은 결코 정해진 외길로 나아가지 않는 문제이다. 통화전쟁은 확실히 국가 간의 대립

특히 유럽·미국과 신흥국 사이의 대립을 생성한다. 국내의 수요 축소를 해외 수요를 흡수함으로써 보충하려고 드는, 과거 공황 시에 보였던 패턴 또한 이제부터 본격화할 것이다. 국가자본주의나 자유시장자본주의나 국력의 유지 혹은 증진을 최우선적으로 고려한다는 점에서 같은 무대 위의 경쟁을 벌이고 있는 셈이다.

세계 경제의 안정을 도모하기 위해서는 각국이 내수를 늘리고, 글로벌 임밸런스의 시정을 추진하는 것이 불가피하다. 그러기 위해서는 국내 소비와 투자를 증진시키는 노력이 필요하고, 각국이 소득 격차를 줄이는 노력 또한 불가결하다. 그렇게 하지 않으면 국내 대립의 불씨가 안팎으로 마구 퍼져나가 새로운 대립을 야기하게 될지도 모른다. 글로벌 리밸런스를 목표로 한다면 각국 모두 국민 경제의 기반을 더욱 강화할 필요가 있다.

애덤 스미스가 '모든 국민들의 부'라는 이념을 바탕으로 서술한 내용은 농업에서 공업과 상업까지 포함한 국내의 다양한 산업을 각국이 잘 지탱하는 상황하에, 상호 부족한 물품을 무역으로 해결한다는 세계 경제의 비전이었다.

물론 오늘날의 자유화 및 세계화의 노선으로는 '국민자본주의'를 실현할 수 없다. 무역과 투자를 자유화하면 글로벌 시장 전체에서 분업이 진행되므로, 각국의 산업은 잘나가는 특정 분야에만 오히려 편중되는 경향을 보일 것이기 때문이다.

그러나 그렇게 되면 정말 좋은 것일까? 통화 절하에 의한 수출 경쟁 끝에 전쟁으로 치달은 전전의 역사를 다시금 반복하지 않기 위해, 또는 리먼 브라더스 사태 전의 글로벌 임밸런스 시대로 되돌아가지 않기 위해, 애덤 스미스가 말하는 '모든 국민들의 부'의 이념 — 각국마다 자국 내에서 다양한 산업을 보유한 느슨한 공존이라는 이념을 되물어야 할 시기가 찾아왔다는 생각을 억누르기 어렵다.

제 4 장

—

지나친 세계화가
불러오는 보호주의

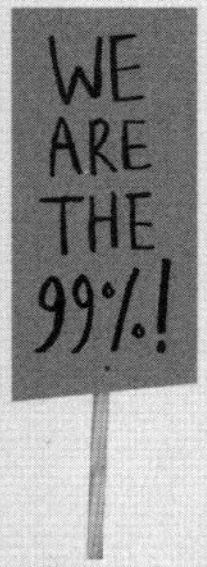
WE
ARE
THE
99%!

자유무역 VS 국내 정치

제3장에서는 세계화와 자유화 끝에 국가 간의 대립이 심각해진 과거를 살펴보았다. 나아가 그 대립이 단순한 경제 위기 정도에 머무르지 않고, 국내 정치의 위기를 몰고 온다는 사실을 확인했다.

주류 경제학자는 자유무역을 지지한다. 자유무역을 추진함으로써 시장의 경쟁이 촉진되고, 각국이 경제적인 이익을 얻을 수 있다고 생각하기 때문이다. 유치산업 보호나 환경 보호 등 극히 일부의 예외만을 인정하고, 다른 보호 조치는 가능한 한 적게 하는 편이 좋다는 것이 자유무역론의 주장이다.

그러나 정치적 관점에서 본다면 세계화가 초래하는 국내 산업의 쇠퇴나 실업을 방치할 수는 없다. 특히 국내의 다양한 이해관계를 조정하는 것이 의회정치의 원칙이기 때문에, 국내에 존재하는 다양한 이익단체의 목소리를 전적으로 무시하며 정치를 행하기란 불가능하다. 자유무역에 의해 피해를 입는 사람은 조합이나 단체를 조직하여 정치권에 대한 압박을 강화하려 들 것이다. 의회정치는 그런 국내의 압박을 무시할 수 없다. 가령 수적으로는 소수파일지라도, 그것을 무시하는 행위는 의회정치의 원칙에 위반되기 때문이다.

이처럼 효율성을 중시하는 시장경제의 원리는 국민 생활의 안정 및 서로 다른 이해관계의 조화를 요구하는 국내 정치의 원리와는 크게 어긋나는 측면이 존재한다.

국내의 민주정치와 글로벌 시장의 긴장 관계

이처럼 자유무역과 국내 정치의 대립을 세계화와 민주주의의 대립이라고 부르는 학자도 있다. 하버드대학교의 경제학자 대니 로드릭Dani Rodrik은 최근에 발행한 저서 『세계화의 역설』 속에서 이런 긴장 관계를 글로벌 경제가 안고 있는 가장 중요한 문제점이라고 서술했다. 아울러 [그림9]에 나타나는 세계화, 국가주권, 민주정치의 세 가지 요소 가운데 논리적으로 두 가지밖에 선택할 수 없다고 말한다.[31]

그렇다면 그 선택의 조합은 다음의 세 가지밖에 없다.

❶ '세계화'와 '국가주권'을 선택하고 '민주정치'를 희생한다.

[그림9] 세계 경제의 정치적 트릴레마
(trilemma, 세 가지 선택지 중 어느 것을 선택해도 나쁜 결과가 발생되는 상황 — 옮긴이)

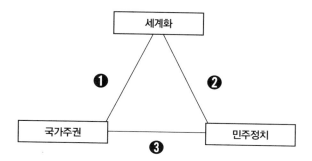

『세계화의 역설: 민주주의와 세계의 미래The Globalizastion Paradox: Democracy and the Future of the World』를 참조하여 작성.

❷ '세계화'와 '민주정치'를 선택하고 '국가주권'을 희생한다.

❸ '국가주권'과 '민주정치'를 선택하고 '세계화'를 희생한다.

이 세 가지 노선 가운데 도대체 어느 쪽이 바람직한 미래를 약속하는지 검토해보도록 하자.

세계화의 세 가지 미래

❶ '세계화'와 '국가주권'을 선택하고 '민주정치'를 희생한다.

이것은 각국 정부가 지금까지 해온 것 이상으로 글로벌 시장의 통합을 추진해나가는 노선이다. 각국 정부가 관세를 인하하고, 국내의 규제 혹은 보호를 철폐하고, 자유무역을 추진해 나가는 것이다. 모든 기업이 국경을 넘어 활동할 수 있도록 하는 것이 목적이므로, 무역과 투자의 규칙을 통일하며, 규제 완화를 행하며, 회계 제도 및 법 제도의 국제 표준화를 진전시키는 것도 필요할 것이다. 또한 기업이 이미 국경을 넘어서 활동하기 때문에, 기업을 붙들어두기 위해서는 법인세 인하도 요구된다.

로드릭은 지금까지보다 그 이상으로 세계화를 추진하는 것을 '하이퍼 글로벌라이제이션Hyper Globalization'이라고 부르는데, 일본의 대다수 경제학자들이 이 노선에 입각해 생각하고 있으며 정치권 또한 그 방향으로 나아가고 있다.

그러나 이것은 당연히 국내의 다양한 반발을 불러온다. 자유무역으로 불이익을 당하는 농업 집단 등에서부터 반발하는 목소리가 터져 나오기 때문이다. 처우 개선을 요구하는 노동자들의 반발도 거세질 것이다. 그러한 국민들이 내지르는 불만의 목소리를 희생시키지 않으면 국가주권을 유지한 채 세계화를 진전시킬 수 없다. [그림9]의 세 가지 요소 가운데 민주정치를 희생한다는 것은 바로 그런 의미이다.

이를 보다 정확히 말하면 '의회민주주의'를 희생한다고 해야 할 것이다. 의회에는 국민이 선출하는 다양한 대표자가 모인다. 특히 선진국에서는 농업 보호를 주장하는 단체와 노동자 보호를 요구하는 단체가 의회 내에서 일정한 존재감을 드러낸다. 세계화를 추진하려면 이러한 층의 반대를 억누를 필요가 있다. 즉 이러한 세계화 노선이 경제 성장으로 이어진다는 것을, 의회를 뛰어넘어 유권자에게 직접 호소하며 지지를 모으는 정치적 리더의 출현이 전제되어야 한다.

사실 1980년대부터 이른바 신자유주의 개혁은 대처와 레이건 등 국민적 인기가 높은 정치가들의 활약 속에서 추진되었다. 2000년대의 고이즈미 준이치로 수상小泉純一郎, 제87~89대 2001년 4월~2006년 9월 재임의 구조 개혁 또한 국민의 높은 지지율을 얻은 가운데 이루어졌던 것이 지금도 기억에 새롭다. 그들은 이러한 세계화와 규제 완화야말로 경제를 성장 궤도로 밀어 올리는 유일한 방법이라고 매스미디어를 통해 유권자에게 직접 호소했다.

그러나 이러한 노선은 경제가 호조를 보일 때에는 지지를 받을지도 모른다. 그러나 불황 때에는 국민의 불만이 폭발하여 유지가 불가능하다. 세계화는 일부 기업이나 투자가들에게는 부를 확대시킬 기회를 안겨준다. 그러나 대다수 노동자들에게는 전혀 실감이 나지 않는다. 법인세는 계속 낮아지고 소비세는 인상되는 세제에 일반 서민들은 불공평하다는 느낌을 갖게 된다. 당연히 국내보다 해외 시장에 더 눈길을 돌리는 경제 정책에 대해서도 불신감이 높아질 수밖에 없다.

이러한 불만은 높아지기만 할 뿐 결코 진정되지 않을 것이다. 이 노선으로 치닫다 보면 국내 정치가 불안정해지는 건 필연적이다.

❷ '세계화'와 '민주정치'를 선택하고 '국가주권'을 희생한다.

두 번째는 세계화를 추진하여 시장을 통합해 나감과 동시에 정치면에서도 세계 수준에서의 민주정치를 실현해 나간다는 노선이다. 각국의 재정을 통합하고 세계적인 재분배 방식을 만들어, 이른바 세계 전체를 연방국가로 만든다는 것이다. 이는 [그림9]의 세 가지 요소 가운데 국가주권을 포기함을 의미한다.

예를 들어 미국은 원래 여러 주로 국가주권이 나뉘어 있던 것을 통합하고, 각 주의 대표를 연방의회에 모아 통일된 규칙을 정하고 재정 정책을 통한 재분배를 추진했다. 그럼으로써 미국 내의 시장 통합이 진전되었는데, 요는 이와 똑같은 연방제를 세계 수준에서 만든다는 것이 이 노선이다.

초국가적인 정부를 만든다는 발상은 일본에선 좌파에게 인기가 있는 아이디어다. 국가라는 틀을 뛰어넘는 보편적인 공동체가 실현되면 세계는 한층 평화로워질 것이다. EU 통합이 실제 이상으로 평가받는 것이나 동아시아 공동체와 같은 구상에 기대가 쏠리는 것도 다 그 같은 아이디어가 작용하기 때문이다.

그러나 현재의 유로존이 빠져든 곤경만 봐서도 알 수 있는 것처럼 주권국가의 원리는 쉽사리 사라지지 않는다. 지난 10년 동안 EU 통합이 순조로워 보였던 까닭은 세계 경제 전체가 호조를 보여 유로존에 돈이 흘러들어와 있었기 때문이다. 일단 버블이 꺼지고 심각한 불황이 도래하자 EU라는 체제를 계속 유지하기가 용이하지 않다. 그리스를 구제하기 위해서는 독일의 경제력을 배경 삼아 유로 공동채를 발행하는 등 재정 통합을 염두에 둔 EU 통합 심화가 불가결한데, 독일 국민의 뿌리 깊은 반대에 직면해 좀처럼 앞으로 나아가지 못하고 있는 것이 현실이다.

나아가 주권국가와 결부된 내셔널리즘은 일단 성립되고 나면 좀처럼 사라지지 않는다. 사실 국가의 수는 줄어들 기색이 없다. 제2차 세계대전 후

50개국 정도였던 독립국가가 현재는 190개국을 넘어섰다. 지금도 독립 혹은 주권 회복을 요구하는 내셔널리즘 운동이 세계 곳곳에서 벌어지고 있다. 국가는 늘어나는 경우는 있어도 줄어드는 경우는 없다고 보아야 한다.

내셔널리즘은 일단 성립되면 언어나 민족성과 결부되어 사람들의 의식에 깊이 정착한다. 아무리 경제 통합이 진전되어도 동포의식의 범위는 어디까지나 국경선 안쪽에 머물고 마는 것이다.[32] 그리스 구제에 왜 독일의 세금을 써야 하는가 하는 불만이 터져 나오는 것은 바로 그 때문이다.

역사가인 니얼 퍼거슨은 EU를 미국형 연방국가로 만드는 것 이외에는 현재 유로 위기를 극복할 수단이 없다고 주장한다.[33] 건국 시기의 미국은 알렉산더 해밀턴Alexander Hamilton 등이 제창한 연방주의 노선으로 나아갔다. 유럽도 그와 마찬가지 길을 걸어 역내의 남북 격차를 재정 통합에 의해 메워 나가는 방법밖에 없다는 생각인 것이다.

물론 앞으로 그 길로 나아갈 가능성이 결코 제로는 아니다. 그러나 그 길이 쉽지는 않을 것이다. 미국은 영어 하나로 해결되지만, EU의 경우에는 20개 이상의 언어가 쓰이고 있다. '대표 없이 과세 없다'는 민주주의 원칙으로 보자면 재정 통합을 위해서는 EU 의회의 권한을 대폭 강화해야 하는데, 독일 같은 대국이 있는가 하면 키프로스와 같은 소국도 존재하는 EU에서 의회의 구성원을 어떻게 짤 것인지를 두고 벌이게 될 공방은 틀림없이 분쟁의 씨앗 노릇을 하게 될 것이다. 지금까지 걸어온 역사와 문화, 인구, 경제력 격차를 뛰어넘어 정치 통합을 추진하는 도정에는 수없이 많은 난관이 가로놓여 있다.

EU 이상으로 나라마다 차이가 나는 아시아에서, 그런 시도가 가능하리라고는 도저히 생각할 수 없다. 아시아는 유럽 이상으로 문화와 종교가 혼재되어 있고, 나라별로 인구와 경제력 격차가 엄연하다. 동아시아 공동체 등은 환상으로서밖에 존재하지 않는다. 이번에 닥친 유로 위기는 좋든 싫든 아직까지는 주권국가를 타고 넘어서기가 불가능함을 보여준다고 해도 무방하겠다.

❸ '국가주권'과 '민주정치'를 선택하고 '세계화'를 희생한다.

제3의 노선은 세계화에 제한을 가해 각국의 주권을 유지하며 국가 단위로 정치나 경제의 운영을 해 나가면서 문제 해결을 꾀하는 길이다. 이를 실현하기 위해서는 지금과 같이 무역과 투자의 제약이 없는 자유화로 치닫는 세계화 노선을 수정해야 한다. 물론 수출입이나 투자는 어느 나라에서나 필요하지만, 국내 정치의 원리를 우선하기 위해선 여기에 일정한 제약 혹은 규칙을 설정하는 것이 불가피하게 된다.

첫 번째 노선과 두 번째 노선 모두 쉽사리 취하기 어렵다면, 세계화를 제한하는 이 세 번째 노선밖에 없다고 로드릭은 말한다. 그리고 실제로 존재했던 이 노선의 모델로서 그가 내세우는 것이 제2차 세계대전 후의 브레튼우즈 체제이다. 브레튼우즈 체제의 목적은 전전의 실패를 되풀이하지 않겠다는 점에 있었다.

19세기의 금본위제와 자유무역은 각국의 통화 발행량이 금 보유량金 保有量에 한정되어 있기 때문에, 예컨대 무역 적자가 나면 디플레이션 정책을 취해야 하는 등의 마이너스 측면을 지니고 있었다. 바꿔 말하자면 국제적인 경상수지의 균형을 달성하기 위해 국내 안정을 희생하는 체제였다고 하겠다.

한편 대공황 이후의 세계에서는 환율의 평가 절하에 따른 수출 경쟁 — 제3장에서 본 경제전쟁이 발발했다. 이것은 국내의 고용을 최우선으로 삼고 국제적인 경상수지의 균형을 희생시켜 흑자를 도모하려는 행위이다.

제1차 세계화의 이런 두 차례의 실패를 성찰하여 브레튼우즈 체제의 목적을 도출했다. 경상수지의 균형과 국내의 완전 고용 — 또는 사회를 지켜내기 위한 다양한 복지 정책 — 의 쌍방을 달성하는 것, 말하자면 대외적인 안정과 국내의 안정을 양립시키는 것이 브레튼우즈의 이념이었던 것이다.

이 브레튼우즈 회의에서 국제통화 체제의 구체적인 제도의 설계에 대해 미국 대표 해리 덱스터 화이트Harry Dexter White와 영국 대표 케인즈는 서로 격렬하게 논쟁을 벌였다. 그러나 회의의 이념에 대해서는 양자 모두 일치했다. 특히 두 사람의 공통된 점은 국제적인 자본 이동을 엄격하게 제한해야 한다는 생각이었다. 제1차 세계화의 실패는 단기 자본의 이동에 있다는 것이 그들의 일치된 의견이었기 때문이다.

글로벌리즘이 아니라 국제주의를

브레튼우즈의 이념이 단순히 세계 시장을 통합하려고 하는 글로벌리즘이 아니라는 것은 말할 나위도 없다. 오히려 국가 단위의 경상수지가 가급적

밸런스를 유지하면서 세계 무역의 전체 물량을 증진시켜나간다는 것이 케인즈 등이 생각한 '국제주의Internationalism'였다. 사실 이때 태어난 GATT 체제에서는 무역 정책에 대한 각국의 재량이 상당히 인정되어 있었다.

이러한 체제 속에서 각국은 자유로운 국내 정책을 추구할 수 있었다. 이러한 자유를 미국의 정치학자 존 러기John Ruggie는 '묻혀진 자유주의Embedded Liberalism'라고 불렀다.[34]

사실 전후에는 기업의 통치 방식, 노동 시장의 형태, 세제 혹은 행정과 기업의 관계 등 나라에 따라서 다양한 차이가 생성되었다. 일본형 경영이라 불린 경영상의 관행이 생겨난 것도 이 시기이다. 나라에 따라 자본주의의 다양성이 만들어졌던 것이다.

또한 제2차 세계대전 뒤는 선진국이 유례가 없는 경제 성장을 체험한 시기이기도 했다. 국내의 왕성한 수요를 배경으로 자동차와 가전 등의 내구 소비재가 많이 팔리고, 그것이 노동자의 임금 상승으로 이어졌다. 포디즘 Fordism이라고도 불린 국내의 자본 축적이 진행되어 계층 간의 소득 격차 또한 줄어드는 경향을 보였다. 이러한 점에서 전후에서 시작해 오일 쇼크까지의 약 30년 동안을 '자본주의의 황금시대'라고 칭하기도 한다.

물론 이러한 황금시대는 단순히 브레튼우즈 체제에 의해서만 실현된 것이 아니다. 한편 현실의 브레튼우즈 체제는 미국의 경상수지가 악화한 1960년대부터 흔들리기 시작했다.

그것이 닉슨 쇼크Nixon Shock, 1971년 8월 15일 미국의 닉슨 대통령이 달러 방어를 위한 정책을 발표하여 발생한 충격. 금과 달러와의 교환 금지, 10%의 수입과징금의 실시 등이 포함됨·옮긴이로 터져 나오고, 그 뒤 미국이 일방적으로 경상수지 적자를 팽창시켜 대외 불균형이 구조화되어 나갔다. 그 적자를 메꾸어주기 위한 금융자유화 또한 조금씩 진전되었다. 결국 브레튼우즈 체제는 겨우 30년이라는, 국제 경제 체제로서는 극히 짧은 기간밖에 지속되지 못했다.

그렇지만 이념으로서 평가하자면 나는 세 번째 노선이 가장 바람직하다고 생각한다. 주권국가를 넘어서기가 불가능한 현실이 쉽사리 바뀌지 않는이상, 두 번째 노선은 이념적으로나 현실적으로나 거의 취할 수 없다고 본다. 첫 번째 노선은 글로벌한 기업의 활동이나 투자 활동을 적극적으로 추진하는 방향인데, 이 경우 국민은 글로벌 경쟁의 엄청난 압력에 항상 휩쓸리고 만다. 정부에게는 재정 적자를 삭감하라는 압력이 걸리고, 경제를 시장 우호적으로 끌고 가기 위한 제도 개혁을 끊임없이 시행해야 한다. 앞으로 불황이 길어지면 국내의 대립 혹은 혼란을 더욱 심각하게 만들 뿐만 아니라, 경제전쟁이 다시금 본격화할 가능성이 있다. 자칫 제1차 세계화의 전철을 밟게 될 우려가 있는 것이다.

새로운 브레튼우즈 체제는 곤란

로드릭을 비롯해 많은 학자가 브레튼우즈 체제의 재평가를 도모하고 있다. 또한 G20에서도 프랑스 등을 중심으로 새로운 브레튼우즈를 협의해보자는 주장이 나오고 있다.

이념으로 보자면 나도 이런 세 번째 노선이 가장 바람직하다고 생각은 하지만, 현실적으로 이를 추구하는 데 있어 곤란한 점이 많음을 상기해야 한다. 전후의 브레튼우즈 체제는 어디까지나 전승국인 미국의 압도적인 경제력과 지도력을 배경 삼아 이루어졌다. 그러나 현재는 그런 패권적인 지위를 담당할 나라가 존재하지 않는다.

또한 전후 브레튼우즈 체제의 주요 구성원은 유럽·미국·일본 등 경제 수준이 비교적 근접한 극히 소수의 서방 선진국들이었다. 그러나 현재는 G20으로 알 수 있는 것처럼 중국, 브라질, 인도 등 신흥국도 구성원으로 참가하고 있다. 경제적 발전 단계나 정치 체제가 서로 다른 구성원들 사이에서 각국이 발맞추어 국제적 기준을 설정해 나가기란 지극히 어렵다.

원래 이처럼 무역 및 자본 이동이 성행하는 단계에서, 일정한 제한을 가하기란 용이하지 않다. 한번 열린 판도라 상자는 쉽게 닫히지 않는다.

따라서 사태 추이를 냉정하게 살펴보면, 세계는 앞으로 당분간은 첫 번째 노선을 밟아 나가게 될 것이라고 생각한다. 세계화를 계속 추진하면서 그 혼란으로 인해 발생하는 경제적 타격을 메워 나가기 위한 실업 대책이나 복지 정책을 증진시키는 방향이라고나 할까. 그러나 재정에는 한계가 있기 때문에, 이 노선을 지속할 수 있다는 보증은 없다.

그때 무슨 일이 벌어질 것인가? 이것이 이 책의 결론 가운데 하나이다. 앞으로 일어날 수 있는 상황으로서 반드시 염두에 두어야 하는 것이 바로 세계화의 반전反轉이다. 보호주의가 급격하게 대두할 가능성을 의식해두지 않으면 안 된다는 것이다.

폴라니의 『거대한 전환』

이와 관련해서도 우리는 역사에서 배울 수 있다. 제1차 세계화는 실제로 그런 길을 걸었다. 무역과 투자의 확대를 추진해 나간 결과 차츰 국내 정치가 불안정해지고, 최종적으로는 대공황에 의해 극단적인 보호주의 혹은 블록화로 치달았던 것이다.

왜 이 같은 극단적인 전환이 일어났던 것일까? 그것을 설명한 책이 경제인류학자인 칼 폴라니Karl Polanyi의 『거대한 전환』이다.**35**

그 이유를 폴라니는 글로벌하게 연동된 시장경제가 원래의 사회를 현저히 불안정하게 만들었기 때문이라고 설명하고 있다. 예를 들어 유럽의 농민은 해외 특히 미국 대륙에서 오는 값싼 농산물의 유입으로 차츰 경쟁력을 상실해가는 상황에 놓였다. 노동자 또한 글로벌하게 연결된 경제적 상황이 변동할 때마다 그 지위를 위협받고 있었다. 호황 때에는 임금도 늘고 처우도 개선되지만, 일단 경제가 불황에 빠지면 순식간에 사회적 지위를 잃어버리는 불안정한 입장에 놓인 것이다.

사회의 자기 방어

이러한 '누구든 갑작스럽게 자신이 해오던 일을 잃는 참담한 상태에 대비해야 하고 시장의 변덕에 전적으로 의존해야 하는**36'** 상태를 인간은 견뎌낼 수 없다는 것이 폴라니의 인간관이다. 인간은 가족과 공동체 속에서 살아가는 존재이기 때문에, 사회적 지위와 임금이 불안정해짐과 동시에 견디기 어려운 고통을 느끼는 것이다.

또 농민들에게 토지는 세대를 뛰어넘어 전해지는 것으로서 쉽사리 포기할 수 없는 대상이다. 세계화 속에서 갈수록 농업이 쇠퇴하여 토지를 팔아넘겨야 하는 상황에 대해 강렬한 위화감을 느낀다. 가령 그것이 시장경제의 원리상 어쩔 수 없는 것이라 쳐도, 그럼으로써 과거로부터의 생활을 박탈당한 사람들로서는 쉽사리 승복하기 어려운 것이다.

따라서 농민이나 노동자는 자신들의 생존권 확보 차원에서 시장경제에 저항하려고 한다. 그것이 노동조합이나 농업 단체 등 이익 단체의 조직화로 이어진다. 사실 19세기 말부터 이러한 단체는 각지에서 무성하게 결성되어 정치권에 압력을 강화하고 있었다. 그리하여 지나치게 가파른 생활의 변화를 억제하기 위해 다양한 법안과 규제가 마련되기에 이르렀다. 관세도 마찬가지이다. 1870년대부터 각국에서 그런 관세 인상, 농업 보호, 노동자의 권리 보호 장치를 도입했다.

이런 움직임을 폴라니는 '사회의 자기 방어'라고 부르며, 시장경제화가 거의 필연적으로 이런 대항 운동을 생성해낸다고 생각했다.

또 거시경제 관리에 대한 요구도 등장하기 시작했다. 당시는 금본위제를 채택했기 때문에, 국내에서 발행 가능한 통화량은 그 나라가 보유한 금 보유량을 통해 규제되고 있었다. 그 규제를 폐지하고 각국의 중앙은행이 독자적인 재량으로 신용 관리를 행하기를 요구하는 움직임 — 제1차 세계화를 떠받친 가장 중요한 제도의 폐지 — 으로 이어진 것이다.

국가에 의한 시장 제어

이런 움직임은 바꿔 말하면 시장경제가 초래한 불안정을 국가의 힘을 써서 억누르려 한 것이라고 여겨진다. 시장경제에 대항하기 위해선 최종적으로 국가의 힘을 써서 규제와 보호를 강화하는 수밖에 없다. 그렇게 함으로써 '시장의 변덕'이 가족 혹은 공동체와 연결된 국민 생활의 안정에 가하는 위협을 방어하고자 하는 것이다.

이 같은 움직임의 연장선 위에 대공황 뒤의 보호주의와 블록화, 또 그 상황 아래 뉴딜이나 파시즘의 태동이 있었다는 것이 폴라니의 분석이다. 시장 경제화에 따라 생활의 안정을 상실한 사람들의 불안 혹은 불만이 19세기 전체에 걸쳐 축적되다가, 그게 터져 나오자 이 체제의 '대폭발'을 초래했다.

폴라니의 분석이 흥미로운 것은 이런 '대전환'이 지나친 자유화 혹은 세계화의 필연적인 귀결이었다고 보는 점이다. 시장경제의 원리를 통해 보자면 보호주의나 블록화, 또 그와 병행하여 진전된 뉴딜이나 파시즘을 통한 경제에 대한 규제 강화는 비합리라고 할 수밖에 없다.

그러나 그것은 어디까지나 시장만을 중시하는 입장에서 바라본 논리에 불과하다. 안정된 인간관계 및 거기에 입각해 조성된 공동체를 시장경제로 인해 파괴당한 사람들은 틀림없이 시장 중심의 시스템을 제어하고자 한다.

한편으로 시장의 원리, 다른 한편으로 사회공동체의 원리의 '이중의 운동'이 존재한다는 관점에서 조망해본다면, 시장경제는 거기에 대항하는 운동을 만들어낸다. 바꿔 말해 지나친 시장경제화는 반드시 똑같은 규모의 대항 운동을 형성한다는 것이다. 제1차 세계화가 걸었던 길이 바로 그와 같은 길이었다.

자유화야말로 강요

이는 제2차 세계화의 한가운데 있는 현재의 세계에 대해서도 들어맞을까? 보호주의가 대두하고 마침내 글로벌 경제를 파괴한다는 시나리오는 맞는 것인가?

폴라니는 19세기의 시장경제가 어디까지나 인위적으로 구축되었다고 파악한다. 자유시장은 자연발생적으로 만들어지지 않는다. 예를 들어 '노동 시장'이나 '토지 시장'은 인간이나 토지라는 본래 시장 교환에 친숙하지 않은 것에 가격을 매기는 시장이기 때문에 사람들의 강력한 저항에 직면한다. 그렇기 때문에 어떤 사회·문화나 반드시 규제를 가하는 편이 오히려 자연발생적이라고 할 수 있다. 폴라니의 생각은 원래 있던 이런 규제를 강제적으로 철폐하지 않고는 자유시장이 출현하지 않는다는 것이다.

이것은 현재 우리가 처한 상황을 이해하는 데 있어 매우 강력한 시사점을 안겨준다. 1980년대부터 본격화한 신자유주의는 이런 규제를 철폐해 나가는 움직임을 동반했다. 전후 사회에 마련된 규제나 보호를 철폐해 나감으로써 자유화 및 세계화가 진전되었던 것이다.

따라서 폴라니의 관점에서 말하자면 신자유의적인 시장 원리에 대한 대항 운동이 앞으로 시작된다고 할 수 있다. 그것이 과거와 같은 패턴, 즉 뉴딜이나 파시즘을 그대로 반복할 것인지는 알 수 없다. 다만 불황의 장기화로 말미암아 향후 국민의 생활을 지켜야 한다는 요구는 날이 갈수록 격렬해질 것이다. 민주주의 체제에서 그런 요구를 무시할 수 없다. 국가에 대해 '사회의 자기 방어'를 요구하는 움직임은 시간이 갈수록 더 강력해지지 않을까?

보호주의의 대두

사실 보호주의의 요구는 미국이나 유럽 등 선진국에서조차 극히 강력했다. 그리고 그런 동향은 로드릭이 말한 첫 번째 노선 — 완전한 자유무역의 실현을 목표로 삼으면 삼을수록 일종의 반동으로서 더더욱 거세진다.

리먼 브라더스 사태 직후 세계적으로 금융이 혼란 속으로 빠져들면서 보호주의에 대한 우려가 높아졌다. 2008년 11월 워싱턴에서 개최된 G20 세계정상금융회담에서 '우리는 금융이 불확실한 시기에 보호주의를 거부하고 내향적이 되지 않는 것이 결정적인 중요성을 지니고 있음을 강조한다'는 내용이 담긴 선언문을 채택하고, 각국이 무역 장벽을 새로이 설정하지 않을 것을 호소했다.[37]

그러나 현실에서는 선진국과 개발도상국 모두 무역 장벽을 강화하는 태세를 보였다. 특히 신흥국에서는 관세 인상 및 수입 수량 제한 같은 종래의 수법 외에 수입 제품 규격의 엄격한 적용, 수입 허가 제도의 도입 등의 규칙을 강화하여 해외 제품에 대해 블록화로 대처하는 모습도 보였다. 모두 해외 제품의 유입을 차단하여 자국의 산업 및 고용을 보호하려는 목적에서 취하는 조치이다. 그 밖에도 반덤핑 관세 등 상대국 수출의 부당성을 지적하여 관세를 올리려는 방법도 많이 동원되고 있다.

이러한 보호주의 조치에 의해 영향을 받는 제조회사도 있다. 예를 들어 인도가 철강 수입을 제한함으로써, 일본계 제조회사의 현지 생산 공장이 부품 수급에 곤란을 겪는 사태가 발생하기도 했다.

미국으로 대표되는 선진국에서도 보호주의가 시행되고 있다. 정부 조달 시 자국산 제품의 구입을 의무화시키는 '바이 로컬Buy Local, 예를 들어 미국의 '바이 아메리칸Buy American법''을 시행하거나, 경영 위기에 몰린 기업에 대한 적극적인 공적 지원가령 미국 정부가 취한 GM의 구제이 바로 그런 사례이다. 이런 조치는 모두 국내 산업에 대한 공적 지원을 행하는 것이다. 이러한 것들은 수입 장벽을 높이는 '직접적인' 보호주의와는 다르지만, 자국 산업을 우대함으로써 수입을 억제하는 '간접적인' 보호주의이다.

날로 교묘해지는 보호주의

전전의 대공황 뒤에는 스무트 — 할리 관세법Smoot-Hawley Tariff Act, 미국이 자국의 불황을 타개하기 위해 1930년에 제정한 관세법. 평균 관세율을 52.8%까지 올려 전 세계에 보호무역주의 연쇄효과를 불러옴·옮긴이, 영국의 오타와 협정Ottawa Agreement, 1932년에 캐나다의 수도 오타와에서 열린 영제국 경제회의. 영국은 이 회의에서 특혜 관세제도를 도입하여 보호주의 무역정책을 채택하여 자유무역의 원칙을 포기함·옮긴이 등 보호주의나 블록 경제화가 있었다. 이는 수입 관세를 일률적으로 인상하는 알기 쉬운 방식이었다.

오늘날엔 세계무역기구WTO 규정이 있기 때문에 관세 인상 방식의 알기 쉬운 보호주의 조치는 쉽사리 취할 수 없다. 그러나 외국 제품에 대한 엄격한 규정에 의해 비관세 장벽을 높이는 등 교묘한 보호주의 조치는 여전하다.

자유무역협정FTA이나 경제동반자협정EPA 같은 양국 간·지역 간 경제 협정은 어떤가? 이것은 양국 간·다국 간에 자유무역을 추진한다는 의미에서는 협정 체결국끼리의 자유화를 의미하지만, 협정국이 아닌 국가를 소극적으로 배제하는 경향을 지닌다는 점에서는 블록화를 의미한다고 할 수 있겠다.

이처럼 현대의 보호주의는 과거와 같이 알아보기 쉬운 수입 블록이 아니다. 그러나 타국에서 들어오는 수입품과 경쟁을 해야 하는 소속 국가나 협정 체결 지역의 기업과 산업, 나아가 고용을 보호하는 형태로 현존한다. 리먼 브라더스 사태와 유럽 위기에 따른 경제적 충격, 그 뒤로 계속 이어진 경기 침체로 말미암아 각국이 이러한 보호주의를 더욱 다양한 형태로 전개할 가능성이 높아지고 있다.

경제의 재국민화를 해야

다시 뒤돌아보면 1930년대는 완전한 자유무역을 지향한 결과, 그 반동으로 보호주의가 대두한 시대였다. 대공황 뒤의 비참한 상황을 극복하기 위해 보호주의와 뉴딜, 또는 통제경제 등 모든 수단이 강구되었다. 이들이 당시의 군사적인 대립으로 이어져, 비극적인 결말을 맞이한 것은 두말할 필요조차 없다.

그러나 약간이나마 우호적인 관점에서 보자면, 이런 과정은 지나친 세계화를 시정하고 국민통합을 새로이 실현하려는 국민운동의 산물이었다는 견해도 가능하다.

최근의 역사 연구를 통해 명확해지고 있는 것처럼, 이때 각국에서 행해진 규제 강화와 산업 조직화가 전후 각국의 경제 발전의 기초를 이뤘다. 미국의 뉴딜이나 일본의 통제경제가 전후의 경제 체제 운용 방식으로 직결되었다는 사실은 잘 알려져 있다. 이는 대부분 암중모색의 과정 속에 나온 시도였다. 악명 높은 나치 독일에 관해서조차, 그 시기에 만들어진 일련의 제도가 전후 독일의 발전을 뒷받침했다는 연구도 있다.**38**

물론 전전의 경제 통제를 대놓고 칭찬하려는 생각도 없고, 전쟁이라는 결말을 옹호할 수도 없다. 하지만 이 시기에 시작된 경제의 재국민화1930년대 대

공황 발생 이후, 일종의 경제 통제 정책을 취함으로써 자국 경제를 자국민의 손에 돌려주려 한 움직임·옮긴이

라고도 할 만한 움직임이 전후의 브레튼우즈 체제로 이어졌다는 사실 또한 무시할 수 없다.

앞으로 이미 벌어지기 시작한 세계화에 대한 반발 속에서 어떻게 이 노선을 각국 수준에 맞게 수정해 나갈 것인가? 바로 그런 과제를 해결해야 하는 역사적 국면이 박두하고 있다. 새로운 브레튼우즈 체제의 가능성도 국내의 경제 통합을 추진하는 각종 시행착오 끝에 은은하게 드러나게 되지 않을까?

제 5 장

—

국가와 자본주의,
그 불가분의 관계

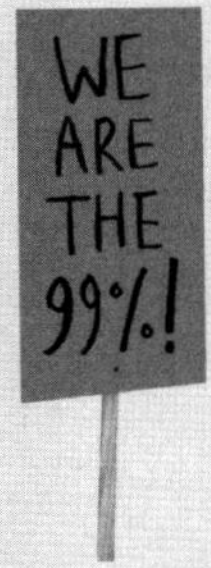
WE
ARE
THE
99%!

왜 위기는 반복되는가?

현재진행형의 세계 경제 위기는 장기화될 것으로 예상된다. 이제까지 그렇게 되면 무슨 일이 벌어질 것인가를 두고 리스크 시나리오에 입각하여 논지를 전개해왔다.

여기서 다시금 생각해봐야 할 것은 왜 이러한 위기가 반복되는 것인가 하는 점이다. 글로벌 경제는 대개 10년을 주기로 커다란 위기를 맞이하고 있다. 뒤돌아보면 1987년의 블랙 먼데이, 1997년의 아시아 통화 위기, 2007년의 서브프라임 위기처럼 7이 붙은 해마다 커다란 위기가 벌어졌음을 알 수 있다. 다음번 위기는 2017년이라고 단정한다면 너무 비과학적이지만, 어쨌든 주기적으로 커다란 위기가 일어나고 있는 것만큼은 틀림없는 사실이다.

중요한 사실은 위기가 벌어질 때마다 그 규모가 커지고 있다는 것이다. 세계화의 영향으로 미국의 주택 버블은 가속도가 붙었다.

이는 일국 차원의 저축과 투자의 정합성整合性을 도모하던 브레튼우즈 체제 시기에는 보이지 않았던 현상이다. 금융이 자유화되면 자금은 높은 수익을 노리며 유동한다. 특히 현재와 같은 글로벌 불균형이 발생하는 경우, 저축이 넘치는 나라에서 저축이 부족한 나라로 자금이 이동하는 경향을 보인다. 미국이나 남유럽에서 거대한 버블이 발생한 배경에는 이러한 구조적 요인이 작용했다고 보는 것이 자연스럽다.

이런 버블과 그 붕괴가 일어날 때 '자본주의의 폭주'라는 말이 등장한다. 틀린 말은 아니지만, 자본주의는 원래 불안정한 시스템이란 것을 생각하면, 이는 하나마나 한 이야기이다.

역사를 살펴봐도 자본주의는 버블과 그 붕괴를 반복해왔다. 자본주의의 여명기인 17~18세기의 유럽에서도 네덜란드의 튤립 버블Tulip Bubble, 1637년경 네덜란드에서 발생한 튤립 과열 투기 현상. 역사상 최초의 자본주의적 투기로 일컬어짐·옮긴이 사건이나 영국의 남해 거품South Sea Bubble, 18세기 초 영국의 국채문제를 해결하기 위해 설립한 남해회사의 주가를 둘러싸고 발생·옮긴이 사건 등 역사적인 거대 버블이 발생한 바 있다.

자본주의는 미래에 대한 인간의 기대라는 극히 심리적인 요인에 의해 구동된다. 그것이 과잉으로 부풀었다가 끝내 위축되고 마는 역동성dynamism이야말로 자본주의의 큰 특징이라고 봐야 한다. 그런 본질은 앞으로도 변하지 않을 것이다.

그러나 그럼에도 자본주의는 지금도 살아서 기능하고 있다. 그것은 무엇보다 자본주의를 안정시키고자 하는 제도적인 지혜가 발달해왔기 때문이다. 이번 장에서는 자본주의에 대해 약간이나마 원리적인 고찰을 해가며,

이 불안정한 체제가 왜 살아남았는지에 관해 생각해보고자 한다.

자본주의란 무엇인가?

자본주의란 무엇인가? 이 큰 문제와 씨름하며 과거 수많은 경제학자 혹은 경제사상가들이 대답을 모색해왔다. 특히 자본주의가 본격적으로 대두된 19세기 이후 그러한 시도가 더욱 성행했다.

그 답은 자본주의의 어떤 점을 문제 삼는가에 따라 다르게 마련이다. 19세기의 칼 마르크스Karl Heinrich Marx는 자본주의가 빈부 격차를 심화시켜 계급 간의 대립을 야기시키는 점을 문제 삼았다. 20세기 초의 막스 베버Max Weber 처럼 자본주의 체제 속에서는 경제 활동을 금전적인 합리성에 의해서만 평가하는 점을 문제 삼는 경향도 있었다.

한편 문제는 자본주의가 아니라는 견해도 광범위하게 퍼져 있다. 자본주의는 인류가 경험한 다른 어떤 시스템보다 인간의 자유를 확대하고 경제의 효율화보다 적은 자원으로 보다 큰 성과를 낳는다는 점 등에서를 달성했다. 문제는 그것을 부당하게 왜곡하려는 정치나 사회제도 쪽에 있다는 견해이다.

이를 대표하는 인물로 20세기 후반에 활동한 경제학자 밀턴 프리드먼Milton Friedman을 꼽을 수 있다. 프리드먼은 자본주의를 '대부분의 경제 활동을 민간의 자유에 맡기는 경제 시스템'이라고 규정하는 한편, 민간의 자유로운 경제 활동을 저해하는 정부 정책이나 시장의 움직임을 왜곡하려 드는

사회 집단이익 집단 등의 활동이야말로 자본주의를 파괴하는 것이라고 주장했다.[39]

물론 프리드먼도 정부의 역할을 전적으로 부정한 것은 아니다. 그러나 자본주의가 최고도로 수행되기 위해 시장의 움직임을 방해하는 규제나 정부 개입을 가능한 줄이는 게 좋다고 생각했던 것만큼은 분명하다.

이에 비해 자본주의의 문제를 버블과 그 붕괴에서 찾는 견해도 있다. 그 대표자가 케인즈이다. 케인즈는 유능한 투자가로 일한 경험이 있어, 시장의 현실적 움직임에 정통했다. 케인즈가 쓴 책에서는 사람들이 군중 심리에 따라 움직여 버블에 편승했다가 그게 꺼짐에 따라 우왕좌왕하는 시장 동향에 대한 예리한 관찰을 엿볼 수 있다.

증권시장의 현실을 '미인 대회'에 비유한 『일반이론』제12장의 기술은 너무도 유명하다.[40] 10장의 사진을 보고 그 가운데 미인이라고 생각하는 여성에게 투표하여 1등으로 뽑힌 사람에게 투표한 사람이 상금을 나눠 갖는 게임이 있다. 이때 사람들은 자신이 미인이라고 생각한 사진보다, 대다수 사람들이 미인이라고 생각할 것 같은 사진을 예상하며 거기에 투표를 한다. 증권시장의 본질도 이와 같다는 것이 케인즈의 견해였다.

손쉽게 돈을 벌기 위해선 그 기업의 미래 가치를 음미하기보다 사람들이 기대감을 품을 것 같은 종목을 선택하여 투자하는 것이 좋다. 특히 대중 투자가는 그렇게 행동한다. 케인즈는 그것을 비난하는 것이 아니라 오히려 당연한 것이라고 생각했다. "인생은 짧다. 인간의 본성은 성급한 결과를 욕망한다[41]"고 보았기 때문이다.

문제는 이러한 버블이 부풀거나 꺼지거나 함으로써 실물경제가 크게 요동치는 점에 있다. 케인즈는 여기에서 자본주의의 본질을 파악해내려고 했다.

불확실성을 중시한 케인즈

케인즈는 자본주의의 원동력을 투자라고 보았다. 투자란 수중에 있는 현금을 내놓고 미래 수익을 획득하고자 하는 행동이다. 기업이 설비 투자를 행하는 것은 그것이 산출할 미래 수익을 기대하는 행동이다. 투자가가 주식이나 채권을 사는 것은 그것이 미래 어느 시점에 산출할 배당이나 이자, 혹은 주식 가치의 상승을 기대하기 때문이다. 자본주의는 이러한 투자에 의해 뒷받침되는 시스템이다.

여기서 문제는 투자 수익이 어느 정도가 될 것인지를 아무도 확실히 모른다는 점이다. 근본적으로 인간은 미래의 일을 알 수 없다. 물론 인간은 손해를 보려고 하지 않으므로, 사전에 가능한 한 많은 정보를 모아 투자 대상이 정말 수익성이 있는지를 따져본다. 그러나 그럼에도 불구하고 결과는 뚜껑을 열어봐야 알 수 있다. 예컨대 차세대 텔레비전의 디스플레이가 유기발광다이오드OLED. 유기화합물을 사용해 자체 발광시키는 차세대 디스플레이. 화질의 반응속도가 LCD에 비해 1000배 이상 빠른 차세대 디스플레이·옮긴이가 된다는 판단하에 투자를 하지만, 결국 그것이 제품화되지 않을지도 모른다. 혹은 1년 뒤에 더욱 혁명적인 기술이 등장할지도 모른다. 미래에 무슨 일이 벌어질지는 사전에 알 도리가 없다. 케인즈가 주목한 것은 이러한 불확실성이었다.

이는 바꿔 말하면 투자는 '합리 반 불합리 반' 정도의 인간 심리에 따라 결정된다는 것이다. 호경기가 좀 더 지속되리라고 생각하면 활발하게 투자가 이루어진다. IT 관련주가 아직은 더 오를 것이라고 생각하면, 값이 오르는 동안에 수익을 올리고자 활발하게 투자한다. 경기가 나빠 미래에 어떤 악재가 돌출할지 모를 때에는 투자가 위축된다. 경기가 좀 나아질 때까지 기다리자고 판단하게 되기 때문이다. 투자는 궁극적으로 '야성적 충동animal spirit'에 따라 움직인다고 케인즈는 말한 바 있다. 달리 말하자면 투자는 미래에 대한 전망, 자신의 투자 판단에 대한 신념, 또는 IT 신화와 같은 집단적인 이야기에 좌우된다는 것이다.

자본주의의 본질은 차입경제

여기서 문제가 되는 것은 대형 투자는 필연적으로 외부 차입을 끌어온다는 점이다. 여기에 금융이 자본주의 내에서 수행하는 중요한 역할이 있다. 자본주의가 성립하기 이전, 아직 금융 제도가 발달하지 못한 단계에서는 투자는 오로지 자기 자금으로 하든가, 높은 이자를 지불하며 고리대금을 빌려 행하는 수밖에 없었다. 금융 제도가 발달하기 시작하고서야 사람들은 외부에서 자금을 모을 수 있게 된다.

영국의 경제학자인 존 힉스John Richard Hicks는 『경제사의 이론』에서 근대 산업혁명이 궤도에 올라선 배경으로, 금융 제도의 발달에 따라 저비용으로 외부 자본의 차입이 가능해진 점을 꼽고 있다.[42] 근대에 들어서자 설비 투자는 갈수록 규모가 커져갔다. 예를 들어 석유화학 단지는 조성하는 데만 2조 엔이 든다고 하는데, 이를 자기 자본만으로 충당할 수는 없다. 자본주의는 외부의 차입금 없이는 크게 발전할 수 없다. 자본주의의 본질은 차입경제이다.

이는 투자에만 한정되지 않는다. 소비도 마찬가지이다. 특히 주택과 같은 규모가 큰 거래를 할 경우에는 은행에서 융자를 받는 것이 일반적이다. 자동차처럼 대형 내구소비재도 대출을 이용하는 경우가 많다. 소비 사회가 되면 이런 경향이 더욱 강해진다. 현대에는 기업이나 가계가 차입을 해서 투자나 소비를 행한다. 그리고 이것이 경제를 확장시켜가는 원동력으로 작용한다.

동시에 바로 여기에 자본주의가 불안정해지는 요인이 감춰져 있다. 미래에 대해 기대가 부풀어 오를 때에는 다소 무리하게 차입을 해서라도 투자를 하고자 하기 때문이다. 자유주의 경제에서 이를 금지할 수는 없다. 그리하여 그런 차입금이 버블을 낳는 원인으로 작용한다.

민스키의 금융 불안정성 가설

이처럼 자본주의는 채권을 지렛대 삼아 소비와 투자를 확대해 나가는 시스템이다. 이런 케인즈 식의 자본주의관에 입각해 버블의 발생과 붕괴를 설명한 학설 중에 미국의 경제학자 하이먼 민스키Hyman Minsky의 금융 불안정성 가설이 있다.[43]

금융기관은 처음에 담보 가치를 신중하게 따져보고 대출을 해준다. 그러나 경기가 좋아지면 차츰 대출 기준이 완화된다. 경기가 과열 단계에 들어서면 금융기관 또한 경쟁하는 가운데 이익을 올릴 필요가 있기 때문에, 대출을 더욱 확장하려고 든다. 1980년대의 일본에서는 은행이 단골 거래처를 돌며 제발 돈을 빌려가라며 부탁하고 다니는 현상까지 등장했는데, 버블기가 되면 실제로 그 같은 사태가 횡행한다.

개중에는 규제의 틈을 파고들며 대출을 늘리려 드는 악덕업자도 나온다. 이 또한 1980년대 일본이나 2000년대 미국에서 나타난 현상이다. 버블이 시작되자 고배당을 내세우며 자금을 모집하는 사기꾼이 잇따라 등장했다.

그러나 과열된 버블은 언젠가 꺼진다. 그렇게 되면 민간의 변제 능력이 떨어질 것을 염려하여 금융기관은 대출의 축소, 기피, 환수에 나선다. 그 결과 채무 불이행이 빈발하게 되고, 도산하는 금융기관도 속출하여 경기가 급격히 악화된다. 제1장에서 설명한 '채무 디플레이션'이 시작되기 때문이다.

버블의 발생과 붕괴라는, 금융 불안정성에 대한 민스키의 설명은 극히 상식적이다. 그러나 극히 최근까지 민스키는 잊혀진 존재였다.

그 이름이 다시금 부각된 것은 2008년의 리먼 브라더스 사태가 터지고 나서의 일이다. 최근에는 버블이 꺼지는 순간을 '민스키 모멘트Minsky moment'라고 지칭하기도 한다. 어쨌든 자본주의에서는 거의 불가피하게 버블이 일어나고, 그것이 크면 클수록 피해가 막심해진다는 것이, 민스키가 금융 거래에 주목하여 도출한 '자본주의의 근본적인 불안정성'이다.

민스키의 중요한 강조점은 자본주의 사회에서 버블의 발생을 사전에 억누르기란 쉽지 않다는 것이다. 지금이 버블인가 아닌가를 판단하기 어렵다는 실무적인 문제도 있지만, 그 이상으로, 만일 철저한 버블의 규제를 택할 경우 이번에는 건전하게 운영 중인 기업으로 돈이 들어가지 않게 되는 폐단이 발생한다는 문제가 도사리고 있다. 금융기관이 책정하는 채무의 비율은 채무자가 어느 정도 장래성이 있느냐에 따라 바뀐다. 말하자면 이는 사람들의 기대감에 의존하는 것이라 해도 좋을 것이다. 그러므로 적정한 채무 비율이 어느 정도인가를 객관적으로 분명히 하기란 극히 어려운 일이다. 여기에 규제하기가 어려운 점이 있다.

또 대출 규제를 강화해도, 일단 버블이 시작되면 규제를 빠져나가려 드는 움직임이 속속 등장한다. 2000년대의 미국에서도 '그림자 금융-shadow banking, 정부의 엄격한 감독을 받는 은행이 아니라, 투자은행이나 헤지펀드, 증권거래를 위해 별도로 만든 자산운용회사 등을 통한 금융 형태 등을 총칭·옮긴이'이 등장하여 무성하게 투기가 벌어졌다. 투기는 인간 본성에 깃든 사행심에 깊이 뿌리내리고 있기 때문에, 간단히 억누를 수 없다. 버블은 채무를 지렛대로 삼아 성장해가는 자본주의에 있어, 대개 피하기 어려운 숙명과도 같다고 보아야 할 것이다.

왜 전후에 공황이 일어나지 않았을까?

버블은 변제 능력을 넘어 채무가 늘어난 상태이다. 그것이 꺼지면 부실 채권을 떠안은 은행이 도산하고, 자금 조달이 어려워진 기업 또한 비실거리며 무너진다. 버블이 크면 클수록 그 뒤의 피해 또한 커지게 된다. 가장 극단적인 사례가 전전의 공황이었다.

그러나 전후에는 그런 거대한 공황이 일어나지 않았다. 민스키는 그 이유를 '커다란 정부', 즉 위기 발생 뒤 정부가 적극적으로 구제 조치에 나섰기 때문이라고 보았다.⁴⁴ 위기가 발생하면 민간은 차입금 변제를 서두르고 새로운 차입을 하지 않게 된다. 이때 정부가 국채를 발행하여 공공사업을 행한다. 이른바 민간 채무의 감소를, 정부 채무의 확대를 통해 메우는 것이다

다만 이 조치를 취하면 위기 탈출 뒤에는 반드시 인플레이션을 동반하게 된다. 이것은 역사적으로 보아 필연적으로 일어나는 현상이다.

또 전후는 금융 위기가 현실감을 띠자 중앙은행이 금융기관의 구제를 서둘렀다. 이는 중앙은행의 최종 대부자Lender of Last Resort라 불리는 역할이다. 그리하여 오늘날엔 이 역할이 점차로 커져가고 있다. 리먼 브라더스 사태 후의 FRB는 금융기관의 구제를 위해 기업어음CP: Commercial Paper이나 서브프라임 증권 같은 위험성이 높은 자산도 대량으로 매입하고 있다. 물론 이는 중앙은행의 재무 건전성을 훼손할 수 있으므로 장기적으로는 통화의 신뢰성에 영향을 미친다. 그러나 그런 위험을 무릅쓰고서라도 공황을 막아내는 것이 더 중요하다.

이와 같이 공황을 방지하려는 정부 활동이 이번의 경제 위기의 극복에 얼마나 큰 효과를 거뒀는지를 평가하기는 아직 이르다. 그러나 자본주의의 극단적인 붕괴를 피하기 위해서는 이러한 정부 활동이 불가결하다. 아울러 위기가 더욱 커져감에 따라 그 규모 또한 더욱 커지게 됨을 피하기 어렵다 할 수 있겠다.

자본주의는 버블로 성장한다

이제까지 케인즈와 케인즈주의자들의 자본주의관을 간단히 살펴보았다. 이로부터 다음과 같이 말할 수 있겠다.

첫째, 자본주의 발전에 있어 버블은 피해 갈 수 없다.

자본주의는 채무를 지렛대 삼아 소비와 투자를 확대해 나가는 시스템이다. 당연한 이야기이겠지만 채무를 크게 하면 그만큼 경제 규모도 커진다. 필연적으로 버블이 발생하기 쉽지만, 자본주의는 그 발전 과정에서 버블을 피해 갈 수 없다. 자금의 순환이 좋아짐으로써 새로운 기술에도 돈이 흘러 들어가게 되기 때문이다. 예를 들어 1980년대 일본의 버블로 일본 기업은 연구 개발을 대대적으로 늘렸고, 그것이 1990년대 이후의 신상품DVD나 HD 등으로 이어졌다고 한다. 1990년대 미국의 닷컴 열풍은 수많은 IT 기업을 성장 궤도에 올려놓았다.

물론 버블기에는 사기꾼들이 끼어든 투자나 냉정히 생각해보면 절대로 성공하지 못할 사업에도 돈이 몰려들고, 그 뒤에 입게 되는 상처가 더욱 심각해지기도 한다. 그러나 돈이 잘 돌아가는 때가 아니라면, 새로운 사업이 시작할 수 없다는 것 또한 사실이다.

철저하게 마련된 제도를 엄격히 적용하면 버블의 발생을 사전에 막을 수 있을지도 모른다. 그러나 자본주의는 프런티어로 달려가는 기업가들의 모험정신을 통해 전진한다. 케인즈와 같은 시대의 경제학자인 J. A. 슘페터 Joseph Alois Schumpeter는 여기에 혁신Innovation이라는 호칭을 붙였다.[45] 물론 혁신은 불황기에 이루어지기도 하지만, 역사를 돌아보면 돈의 흐름이 좋아 새로운 상품이나 서비스를 사들이는 소비자의 지갑 사정이 좋을 때 크게 전진하는 경향을 보인다. 자본주의의 전진은 버블이라는 악덕과 등을 맞대고 있는 것이다.

물론 혁신이 일률적으로 훌륭하다고 말할 수는 없다. 1990년대에서 2000년대에 걸쳐 미국에서는 금융 분야에서 혁신이 활발히 진행되었다. 증권화 기법을 동원, 채권을 잘게 나눈 뒤 합성하여 새로운 형태의 금융 상품을 만들고, 이를 대대적으로 판매했다. 개중에는 금융 리스크의 분산이라는 의미에서 바람직한 금융 상품도 있었지만, 수상쩍은 상품이 많이 등장했다. 서브프라임 증권이 전 세계로 퍼짐으로써 신용 질서가 대혼란에 빠진 것은 잘 알려져 있는 바와 같다. 혁신이 반드시 훌륭한 것만은 아니었다는 좋은 사례라 하겠다. 혁신에 의한 '창조적 파괴'는 때때로 경제를 크게 혼란에 빠뜨린다.

자본주의의 안정은 자연적으로 실현되지 않는다

둘째로, 자본주의는 안정을 이루기가 쉽지 않다.

자본주의는 소비와 투자의 확대를 통해 전진해 나가는 시스템이지만, 소비나 투자 모두 미래에 대한 사람들의 전망 혹은 기대에 의존하는 바가 크다. 미래의 모습은 시시각각 변한다. 버블이 일어나는 것도, 그것이 꺼지는 것도, 사람들의 심리가 일정한 상태에 머무르지 않기 때문이다. 이러한 불확실성이야말로 자본주의라는 시스템의 커다란 특징이다.

그런데 이런 불확실성을 경제학은 잘 다루지 않는다. 일반적으로 경제학에서는 소비자와 생산자에 의해 성립되는 '시장경제'라는 틀을 분석한다. 그리하여 시장은 가능한 자연에 맡겨두어야 재화와 서비스가 필요한 곳으로 적절하게 배분된다고 생각한다.

어떤 상품의 가격이 오르면 생산자가 생산을 늘리거나, 소비자가 다른 상품으로 그것을 대체하는 등의 모습을 보인다. 이러한 가격 메커니즘에 기반을 둔 생산자와 소비자의 행동이 시장의 움직임을 조정한다. 그리고 그런 기능을 가능한 한 시장에 맡겨두어야 재화와 서비스가 사회적으로 가장 낭비가 적은 상태를 만들고, 그래야 효율적인 생산과 배분이 가능해진다고 경제학에서는 생각한다.

그러나 자본주의 관점에 입각하면 이야기가 달라진다. 자본주의는 사람들의 미래 전망에 의해 소비와 투자가 확대되기도 하고, 축소되기도 하는 구조이기 때문이다. 은행과 기업은 항상 불확실성에 직면한다. 미래의 불확실성을 전혀 느끼지 못할 정도로 경기가 과열되는 경우도 있지만, 미래의 불확실성이 너무 커서 투자와 소비가 급속히 냉각되는 경우도 있다. 좋게 말하면 역동성, 나쁘게 말하면 극히 불안정한 움직임이야말로 자본주의라는 시스템의 가장 큰 특징인 것이다.

자원 배분의 효율성을 중시하는 '시장경제' 관점에서 보면 경제학은 가능한 한 가격 메커니즘의 동향에 맡겨두는 것이 바람직하다. 여기에 정부가 나설 무대는 거의 없다.

안정성을 담보하는 주체는 국가

그러나 소비와 투자의 확대와 축소라는 메커니즘을 중시하는 '자본주의' 관점에서 보면, 경제는 그저 내버려둔다고 안정되지 않는다. 버블과 붕괴는 반드시 일어나게 마련이고, 이번에 닥친 일련의 위기처럼 버블이 크면 클수록 꺼졌을 때의 피해가 경제 사회 전반을 뒤흔들 정도로 커지고 만다.

따라서 자본주의에서는 이런 변동을 되도록 억누를 필요가 있다. 실패를 거듭한 과거의 경험을 살려, 정부가 취할 행동이나 사회제도를 발달시켜야 한다. 그것이 자본주의의 존속을 위해 필수 불가결하다.

이는 역사를 볼 때 대단히 중요한 관점이다. 지금까지 자본주의가 존속된 까닭은 정부가 아무것도 하지 않았기 때문이 아니라, 오히려 자본주의에 대해 적극적으로 대응해왔기 때문인 것이다.

민스키가 말하는 것처럼 전후 선진국에서는 정부가 버블의 뒤처리에 앞장섬으로써, 공황의 발생을 막아왔다. 정부가 자본주의를 안정시키는 역할을 적극적으로 수행하여 자본주의의 존속을 도와온 것이다.

그뿐만이 아니다. 정부의 투자가 전후의 기술 개발에 미친 영향 또한 크다. 미국의 역사를 살펴보자. 1940년대에 이루어진 군사 분야의 투자로 레이더와 컴퓨터의 개발이 이루어졌다. 1960년대의 아폴로 계획은 인공위성과 반도체 개발에 크게 공헌했다. 인터넷 또한 군사 분야의 투자가 큰 영향을 미쳤다고 평가받고 있다. 정부의 투자가 훗날 민간의 기술 개발로 발전한 사례는 일일이 헤아릴 수 없을 정도로 많다.

최근 일본에서는 정부 투자에 낭비가 많다는 지적이 자주 등장하고 있다. 그러나 역사를 살펴볼 때 민간에서는 불가능한 거액의 정부 투자가 나중에 민간 투자의 마중물 노릇을 한 사례가 많다는 것을 잊어서는 안 된다.

국채의 발명

정부는 자본주의의 발달에도 크게 관여하고 있다. 앞서 살펴본 것처럼 자본주의가 발달하기 위해서는 금융 시장의 사전 정비가 반드시 필요했다. 이를 가능하게 한 것은 근세 유럽에서 이루어진 국채의 발명이라는 설이 있다.

17세기 중상주의 전쟁을 치르느라 여념이 없던 네덜란드, 영국, 프랑스 등의 유럽 각국에게 전쟁 비용을 어떻게 조달할 것인가가 전쟁의 향방을 가르는 가장 중대한 과제였다. 그리하여 나타난 것이 국채이다. 17세기 말 영국에서는 정부의 국채를 일괄적으로 인수하는 잉글랜드 은행을 창설함으로써 국채 시장의 덩치를 키워 나갔다.

국채는 정부의 조세를 담보로 삼은 새로운 금융 상품이었다. 민간 투자가는 국채를 자유로이 거래함으로써 자산 운용의 선택지를 넓힐 수 있었다. 일반 투자가, 특히 국민에 의한 국채 소유의 증가는 국가의 이해와 국민의 이해관계를 갈수록 긴밀하게 만들었다.[46] 국민이 '채무자'가 됨으로써 정부에 대한 국민의 발언권도 강화되었다. 국채 시장의 발달이 민주주의를 촉진시키는 원동력이 되었다는 연구도 있다.[47]

이에 더해 국채 시장의 발달이 훗날의 산업혁명으로 이어졌다. 금융 시장에서 국채 금리를 기준으로 삼은 뒤 거기에 일정 비율을 보태는 방식이 활용되면서, 기업가에 대한 은행 융자가 보다 용이해졌기 때문이다. 정부가 가장 신뢰할 만한 '채권자Debtor'가 됨으로써 국채 금리가 벤치마킹의 대상이 되어 금융 시장의 금리 설정이 손쉬워진 것이다. 국채 시장의 성립은 신용 시장의 발전을 촉진시켰고, 이는 근대 자본주의가 이룩해 나가는 도약대 노릇을 했다.

국가와 자본주의는 함께 진화해왔다

물론 그렇다고 처음부터 그렇게 만들려는 의도를 가지고 국채 발행이 이뤄졌다는 말은 아니다. 정부가 국채를 발행한 까닭은 전비戰費 조달이라는 필요에 몰렸기 때문이다. 하지만 그것이 이윽고 신용 시장의 발전과 민주주의를 촉진시키는 데 이바지했다는 것이다. 당시의 정부는 아마 꿈속에서도 그런 생각은 하지 못했을 것이다. 정부와 시민사회는 조세와 국채를 통해 상호연관성을 강화해왔다. 즉, 국가는 자본주의와 함께 그 능력을 강화해온 것이다.

이것은 결코 의도적으로 설계된 것이 아니라 역사적인 시행착오 끝에 태어난 것이다. 과거 프리드리히 하이예크Friedrich Hayek는 사회가 누군가의 의도에 따라 설계된 산물이 아니라 암중모색 가운데 시행착오를 거듭해온 '의도하지 않은 결과'라고 말했다.[48] 정부의 국채 발행도 군비 투자도 결과적으로 자본주의의 발달을 도운 것에 불과하다.

그러나 역사를 살펴보는 한 국가와 자본주의는 그 발생과 발전에 깊이 연계되어 있음이 틀림없다. 미래가 불확실한 가운데 정부와 민간이 적극적으로 투자를 행했고, 그 결과가 겹쳐 오늘날의 국가와 자본주의 시스템이 마련된 것이다.

자본주의의 발전은 국가를 강력하게 만든다. 19세기의 애덤 스미스는 자본주의의 발전스미스는 자본주의라는 용어를 쓰지 않았지만은 공적 수입의 증가에 불가결하다고 서술했다. 국가 운영에 없어서는 안 될 국방, 공중위생, 교육, 복지 인프라 정비 같은 민생 관계에 이르기까지 조세 없이는 아무것도 할 수 없다.

정부 또한 외부 자본을 이용하는 존재이다. 조세와 담보로 국채를 발행함으로써 외부에서 차입을 해와 필요한 사업을 시행한다. 예를 들어 메이지 시대1868~1912년의 일본은 철도와 가스, 전력 등의 인프라 정비, 또는 전비 조달을 위해 외국으로부터 차입을 꾀했다.

차입의 담보로 내놓은 것이 조세와 국가 신용이었음은 말할 나위조차 없다. 채무를 지렛대 삼아 가진 것보다 더 많은 자금을 사용함으로써 근대국가에 합당한 각종 정비를 추진하여 국가 독립을 확보해 나갔던 것이다. 그런 역사를 돌아보면 국가의 발전과 자본주의의 발전은 서로 떼어내기 어렵게 밀접히 연결되어 있음을 잘 알 수 있다.

국가와 자본주의가 분리할 때 벌어지는 상황

이처럼 국가와 자본주의는 상호간에 깊이 연결되어 발전해왔다. 그런데 현재 이런 둘 사이가 점점 갈라지고 있다.

1980년대 이후 선진국에서는 버블이 잇따라 발생하고 있다. 특히 세계화한 1990년대 이후에는 일단 버블이 시작되면 외국 자본이 물밀 듯이 밀려오기 때문에 급속하게 부풀어 오르는 경향이 뚜렷해졌다.

또한 세계화한 오늘날에는 자국에서 일어나지 않은 버블 붕괴의 영향도 고스란히 받게 된다. 그 충격을 완화하기 위해 정부 채무는 계속 늘어난다. 이번에 닥친 세계적인 위기가 장기화하면, 정부 채무는 더 크게 늘어날 것이다.

그 결과 다음 국면에서 어떤 일이 일어날지 간단히 예상하기 어려운 상황에 와 있다. 민스키도 말하는 것처럼 정부 채무 확대 뒤에는 반드시 인플레이션이 찾아온다. 그러나 그것이 언제 어떤 타이밍에 찾아올지 아무도 확실하게 말하지 못한다. 현재와 같이 글로벌한 자본 이동이 왕성하게 이루어지는 때에는 언제 국채의 하락금리 상승이 시작될지, 어떤 타이밍에 시장이 그에 대한 판단을 내릴지 전혀 예상할 수 없다. 외국채 비율이 높은 나라일수록 이런 리스크는 더욱 크다고 할 수 있다.

정부가 금융기관의 구제에 나설 경우 그 자금 규모가 클수록 국민의 불만은 더 높아간다. 일본에서도 금융기관에 대한 공적 자금을 투입할 때 반대 목소리가 만만치 않았다. 이런 사정은 미국에서도 마찬가지였다. 공적 자금 투입을 받은 금융기관의 최고 경영자가 많은 퇴직금을 수령한 것이 커다란 사회 문제가 되기도 했다. 통상적인 기업이라면 자금 조달이 어려워져도 정부나 중앙은행의 원조를 받기란 하늘의 별을 따는 것이나 마찬가지로 어렵다. 왜 방만한 경영으로 실패한 금융기관에 세금을 투입해야 한단 말인가? 투입 규모가 크면 클수록 바로 그런 불만이 더 크게 터져 나오는 건 당연하다 하겠다.

또 세계화가 진전될수록, 즉 경제 개방도가 올라갈수록 공공투자 효과가 떨어진다는 것이 실증 연구에서도 밝혀지고 있다.[49] 개방도가 낮은 단계에서는 정부 투자로 인프라를 조성할 경우 국내 사업자가 수주를 하게 된다. 결국 그 사업자가 수령한 돈은 또 다른 국내 사업자에게 돌아가게 마련이므로, 국내에서 돈이 돌게 마련이다. 그러나 개방도가 높으면 그 돈이 해외로 빠져나가기 때문에 공공투자의 효과가 떨어진다.

물론 이번에 닥친 경제 위기 정도의 거대한 버블 붕괴 뒤에는 금융과 재정을 최대한 확장하는 방법 이외에는 위기를 탈피할 길이 없다. 그러나 그 효과가 갈수록 줄어든다는 사실을 무시할 수 없다. 버블을 조기에 꺼지게 놔두는 것이 나을까? 아니면 연착륙을 위해 뒷감당을 하는 편이 나을까? 현재는 후자 쪽이 주류의 생각이지만, 이것이 과연 옳은 선택인지에 대해서는 여전히 논란 중이다.

자본의 완만한 도피

세계화의 영향은 조세에서도 나타나고 있다. 예를 들어 일본의 어느 대기업 전자제품 제조업체는 일본에 지불하는 세금을 1로 쳤을 때, 해외가 5로, 대략 해외에 일본의 다섯 배가량 세금을 더 납부한다고 한다. 해외의 생산·판매 비율이 올라가면, 이러한 경향을 피할 수 없다. 그 결과 일본에서도 법인세 인하가 검토되고 있다는 뉴스가 터져 나왔다.

지금까지 살펴온 것처럼 세계화란 글로벌하게 활동하려는 기업이나 자본가에게는 이익을 누릴 기회의 확대를 의미한다. 특히 개발도상국에게는 이러한 글로벌 자본의 흡수야말로 발전으로 향하는 지름길이다. 사실 일본에서도 많은 기업이 환율 영향 등을 고려하여 생산 거점을 중국 등지의 신흥국이나 개발도상국으로 옮기고 있다. 기업의 발전과 국가의 발전이 단순한 등호 관계이던 시대는 이미 지나가고 있다.

그러나 이런 해외로의 자본 도피는 그다지 크지 않다는 지적도 있다. '홈 바이어스home bias, 자국 편향'라 불리는 것이 그것이다. 선진국에서는 어디나 투자가가 자국 투자를 우선시하는 경향을 보인다. 또 기업은 사업을 아무리 많은 나라에 걸쳐 전개해도, 본사 기능만은 본국에 두려고 한다. 여기에는 다양한 이유가 있겠지만, 높은 수준의 업무일수록 그 기업이 지금까지 축적해온 인재, 조직, 네트워크 같은 무형의 자산에 힘입은 바 크기 때문에 쉽사리 이전할 수 없다는 것 때문일 것이다.

그러나 단순노동에 대해서는 이미 해외 이전이 많이 진전되어 있다. 그리고 연구 개발 또한 앞으로 해외 이전이 점진적으로 늘어날 것이다. 그런 사정이 있으므로 이처럼 국제적으로 활동하는 대기업의 정부에 대한 영향력이 높아가는 추세이다. 일본에서도 TPP와 같은 FTA 교섭에서 농업 단체 등의 힘이 점차 약화되고 재계의 영향력이 커지고 있는데, 여기에도 이런 배경이 작용하는 것이다.

무역과 투자 자유화가 더욱 진전되면, 기업이 본국에 머무를 것이라는 보장도 없다. 경영 합리화를 생각하면 인건비가 싸고 소비 지역에 가까운 곳으로 생산과 연구 거점을 옮기는 것이 자본주의의 속성상 마땅하기 때문이다.

그러나 해외로 이전하는 것이 장기적으로 보아 기업의 이익이 될 것인지 여부는 현시점에서는 판단하기 어렵다고 할 수 있다. 본국에서 멀리 떨어진 해외에서는 위기가 닥쳤을 때 구제를 받을 수 있다는 보장이 없다. 또 제3장에서 본 것처럼 향후 지정학적 리스크가 높아지면 해외 투자의 위험 또한 높아질 것이다.

리먼 브라더스 사태나 유로 위기 뒤 세계 경제 전체를 뒤덮은 불확실성의 안개가 갈수록 짙어져가고 있다. 이러한 사정을 생각해보면 기업의 해외 이전이 정말 합리적인지 아닌지, 그것조차도 간단히 말할 수 없는 시대에 접어든 것이다.

보호주의에서 국제적인 자본 관리로

현재의 세계화 아래 자본주의의 발전과 국가의 발전은 반드시 일치하지 않게 되었다. 이는 자본주의나 국가의 힘을 약화시키는 쪽으로 영향을 미칠 것이다. 자본은 국가에 의한 보호를 받지 못하고, 국가는 자본의 도움을 기대하기 어려워지기 때문이다.

1933년에 케인즈는 「국가의 자급」이라는 유명한 에세이를 썼다.[50] 그 글에서 케인즈는 대량 생산이 진전된 현재로서는 자본이 어디에서 생산해도 관계가 없어졌기 때문에 자유무역의 이점을 잃어버렸다고 썼다.

케인즈는 일찍부터 당시 영국의 해외 투자 붐을 비판했다. 해외 투자로 자본이 흘러간 결과 국내 투자가 침체되고, 그것이 실업과 노동 임금의 정체 현상을 불러들인다고 보았던 것이다. 이 에세이에서 케인즈는 대단히 우회적인 표현이지만 보호주의의 중요성을 인정하고 있다.

이는 당시 상황을 생각해볼 때 결코 돌발적인 주장이 아니었다. 사실 1930년대는 블록 경제가 진전된 상태였다. 블록 경제는 세계 무역을 크게 감소시켰지만, 국내 고용을 끌어올려주는 효과가 있었다.[51]

경제에 대한 통제 강화는 미국의 뉴딜 정책으로 대표된다. 각국이 저마다 다르긴 했지만 케인즈의 사고에 입각한 통제 정책을 취했다. 그 뒤 전시 경제 체제로 돌입하여 비극적인 결말을 맞이하기긴 했지만, 국민 경제의 재조직화를 불러온 것만큼은 틀림없다고 할 수 있다.

1940년대를 맞이하여 케인즈는 보호주의가 아니라 새로운 세계 경제 질서의 구상에 매달렸다. 국제적인 자본 규제를 강화하고 각국의 경상수지의 균형을 맞추게 하는 국제적인 제도를 만듦으로써, 보호주의가 아닌 별도의 형태로 자본주의의 관리를 고안하려 했다. 그것이 앞의 장에서 설명한 브레튼우즈 체제였다.

현대 세계가 1930년대와 같은 역사를 반복할 것인지 아닌지는 미지수이다. 그러나 이번의 세계 경제 위기가 오래 끌다 보면 각국이 그쪽으로 방향을 트는 것을 피하기 어려울 것이다. 폴라니가 말한 것처럼, 그와 같은 압력이 국내에서 강화되기 때문이다. 그리고 그것은 관세에 의한 무역 블록이라는 분명한 형태가 아니라 아주 은밀하면서도 교묘한 형태를 띤 보호주의일 것이다.

이런 역사의 반복은 비관해야 하는 것일까? 아니면 국가와 자본주의의 관계를 다시 정의해 나가는 하나의 계기로 보아야 할까? 어쨌든 국가 간의 대립을 가능한 한 억눌러가며 국가의 발전과 자본주의의 발전을 일치시키기 위해 각국이 새로운 지혜를 짜내야 할 시기가 다가오고 있는 것만큼은 틀림없어 보인다.

제 6 장

—

일본 경제의
병리를 진단한다

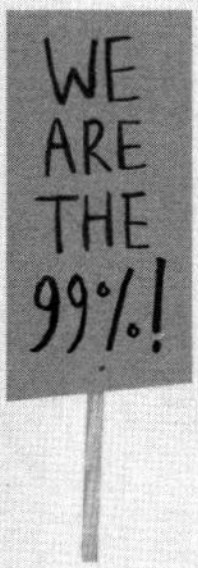
WE
ARE
THE
99%!

저성장만이 문제인 것일까?

앞의 장까지 현대의 세계화가 안고 있는 문제를 살펴봤다. 지금까지 검토한 바를 종합해보면, 병든 일본 경제의 진짜 증상을 전혀 다른 모습으로 진단할 수 있다.

버블 붕괴로 1990년 이후 일본은 유례없는 경기 침체를 경험하며 '잃어버린 10년'이 어느덧 '잃어버린 20년'으로 불리는 상황으로까지 내몰렸다. 그리하여 세계 경제는 성장하고 있는데, 일본 경제만 뒤처지고 있다는 위기감이 널리 퍼졌다.

이런 위기감 속에서 추진된 것이 규제 완화와 규제 개혁이었다. 이는 곧 경제의 자유화이자 세계화였다. '개혁 없이 성장 없다'는 고이즈미 수상의 말이 그 20년 동안 일본 정치가 걸어온 길을 단적으로 말해준다.

그러나 저성장의 원인이 과연 뒤처진 일본의 개혁에 있었던 것일까? 이렇게 되묻는 까닭은 이 질문에 일본 경제의 미래를 생각하는 데 있어 중요한 암시가 숨어 있기 때문이다.

여기에는 이유가 있다. 지난 20년 동안 일본에서 추진된 자유화와 세계화는 계획대로 경제를 성장시키지 못했을 뿐만 아니라, 뜻밖에도 전혀 새로운 문제를 초래했기 때문이다.

높아만 가는 해외 의존

여기서 주목해야 할 점은 일본 경제의 체질 변화, 즉 해외에 대한 의존도가 심화된 과정이다. 1990년대 후반부터 일본의 엔고와 디플레이션이 본격화되었다. 그 상황을 방치하고 자유화와 세계화를 추진했기 때문에, 민간 투자가 국내에서 해외로 옮겨간 것은 당연한 귀결이었다.

사실 일본 기업의 해외 진출은 1990년대에 시작되어 생산 거점이나 판매 거점의 해외 이동이 본격적으로 추진되었다. GDP에서 차지하는 제조업의 비율은 내리 하강선을 그리며, 전성기였던 1970년대의 35%에서 이제는 20% 밑으로까지 떨어졌다.

일자리가 해외로 넘어간 결과 일본인의 평균 소득은 지난 20년간 답보 상태를 보이고 있다. 지속적인 디플레이션으로 기업은 설비 투자를 꺼리고, 가계 또한 지출을 억누르고 있다. 그 결과 일본 경제의 체질은 내수 중심에서 외수 의존으로 바뀌어가고 있다. 일본의 수출 의존도GDP에서 차지하는 수출 비율가 1990년에는 10% 정도였지만, 2007년에는 18%로 크게 늘었다.

이는 일본 경제의 성장이 해외에 의존하는 경향이 강화되었다는 뜻이다. 그런데 이것이 결코 새로운 현상만은 아니다. 1930년대에는 GDP에서 차지하는 수출의 비율이 20% 이상이었다.[52] 전전의 일본은 틀림없는 수출입국輸出立國이었던 셈이다. 그러니 21세기 초엽의 일본은 다시 그 시절로 돌아가고 있는 것이다. 일본 경제의 체질에 눈길을 돌려 살펴봐도, 역시 제1차 세계화 시대와 현대가 매우 닮은꼴임을 잘 알 수 있다.

기업과 국민 경제의 이익 불일치

경쟁력 있는 제조업 기업은 지난 20년 동안 해외로 생산 거점을 옮김으로써 오히려 실적이 늘어났다. 그 전형적인 사례가 도요타이다. 도요타는 1980년대까지는 일본의 여러 자동차 제조회사 가운데 하나에 불과했으나, 2000년대 말에는 GM을 제치고 세계 으뜸의 기업으로 거듭났다. 연결 매출액이 1990년의 9.1조 엔에서 2010년의 18.9조 엔으로, 지난 20년 사이에 두 배로 껑충 뛰어올랐다. 경쟁력 있는 기업에게 세계화는 실적을 확대하는 절호의 기회를 안겨준 것이다.

그러나 다른 한편 일본 내 노동자는 세계화의 혜택을 전혀 받지 못했다. 개발도상국의 값싼 임금노동자와의 경쟁이 진행됨으로써, 임금 억제의 압력이 작용했기 때문이다. 이에 더해 IT 발전에 따른 경영 합리화 또한 노동

자들에게는 불이익을 안겼다. 기술 진보는 단기적으로 실업을 늘리는 경향을 보인다.[53]

과거 일본 기업의 성장은 곧 일본 경제의 성장이었다. 그러나 세계화가 진전된 오늘날 일본 기업의 성장이 반드시 일본 경제 전체의 성장과 동일시되지 않게 되었다.

기업의 이익과 국민 경제의 불일치가 국내에 새로운 대립을 만들어내고 있다. 세계화를 추진하여 생존을 도모하고자 하는 기업은 정부에게 지금까지 이상의 자유화와 세계화를 추진하라고 요구한다. 글로벌 경쟁이 격화되는 속에서 이는 피하기 어려운 경향이라 하겠다.

그러나 기업의 적극적인 해외 진출이 일본 경제에 새로운 문제를 야기한다. 이에 두 가지의 문제점을 살펴보자.

취약해진 일본 경제

첫 번째 문제점은 일본 경제가 점점 해외의 충격에 취약해지고 있다는 사실이다. 수출 주도형 경제는 세계 경제가 순조롭게 발전하는 때에는 큰 성과를 안겨준다. 그러나 세계 경제가 불안정해지면 곧바로 영향을 받게 되고 만다.

'잃어버린 20년'이라 불리는 일본 경제가 빠져든 덫이 바로 이 문제이다. [그림10]의 데이터를 살펴보기 바란다. 일본, 미국, 프랑스의 2000년대 이후

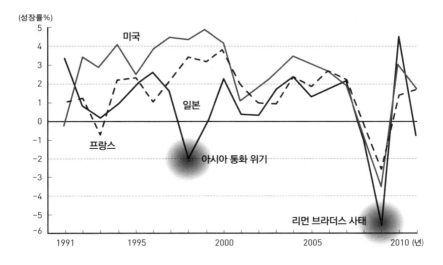

[그림10] 일본 · 미국 · 프랑스의 성장률 비교

(성장률%)

미국

일본

프랑스

아시아 통화 위기

리먼 브라더스 사태

1991   1995   2000   2005   2010 (년)

국제통화기금IMF의 세계 경제 전망 데이터베이스World Economic Outlook Database를 토대로 작성

의 경제 성장률을 나타낸 그래프이다. 세 나라 모두 엇비슷한 모습을 보이고 있는데, 1997년의 아시아 통화 위기로 마이너스 성장으로 곤두박질친 것은 일본뿐이다. 2008년의 리먼 브라더스 사태 때에도 위기의 진앙지인 미국이나 유럽보다 일본이 더 심각한 경기 침체에 빠져들었다.

왜 그런 차이가 생긴 것일까? 미국과 프랑스에서는 세계화가 진전된 1990년대 이후에도 수출 의존도가 그다지 상승하지 않았다. 미국은 10% 이하, 프랑스는 20%대로 지난 20년 동안 그다지 변화가 없었다.

그러나 일본은 20년 동안 수출 의존도가 거의 두 배로 늘었다. 그 결과 글로벌 경제 전체의 경기가 호조일 때에는 성장하고, 글로벌 경제가 조금이라도 감속하면 격렬한 경기 후퇴를 경험한다. 즉, 외부 충격에 대해 취약한 체질이 되어버린 것이다.

아시아, 미국, 유럽에서 무언가 큰 충격이 닥칠 때 일본의 수출 기업이 타격을 받아 고용이 위축되고 디플레이션이 가속화되었다. 지난 20년 동안 일본은 무역과 해외 투자를 확대하는 한편 충격에 취약한 경제 체질로 바뀌고 말았다고 하겠다.

저성장도 분명 문제이다. 그러나 성장률의 둔화는 다른 선진국에서도 보이는 경향으로, 일본에만 있는 특유한 현상이 아니다. 본질적인 문제는 저성장보다 경제의 취약성이다.

글로벌 경제에서는 앞으로도 뜻밖의 충격이 잇따라 발생할 것이라는 예측을 여러 차례 강조한 바 있다. 다음에 어디에서 무슨 일이 벌어질 것인가, 그리고 어떤 연쇄 반응이 일어날 것인가? 이런 점을 제대로 알아채기 어려운 세계화 시대에 이 그래프가 단적으로 보여주는 것처럼 일본이 가장 심각하게 손상당할 가능성이 높다.

유럽 위기의 심각성을 생각해보면, 앞으로도 큰 규모의 경제적 충격이 빈발할 것이다. 갈 곳을 찾지 못하는 투기 자본이 원유와 식량으로 흘러들어가 자원 가격의 급등락을 초래하리라는 것은 당연한 예상이다. 글로벌 경제의 등락이 불확실성을 높이고, 일본의 실물경제를 들었다 놨다 할 것이다.

이에 더해 지금까지 살펴본 이유로 각국이 세계화 노선을 수정하려 들 가능성을 무시할 수 없다. 보호주의 움직임은 틀림없이 일어날 것이며, 신흥국에서는 국내의 불만과 맞물려 분명 외국 자본을 배제하는 쪽으로 방향을 트는 국가도 나올 것이다. 그때 가장 먼저 타격을 받는 것이 세계화에 따른 해외 진출을 서둘러온 일본 같은 나라이다. 이 점을 결코 잊어서는 안 된다.

국내 대립의 격화

두 번째 문제점은 국내의 다양한 대립 양상이 앞으로 더욱 격화될 것이라는 사실이다. 예를 들면 대도시와 지방의 대립이 있다. '도쿄 일극집중―極集中'이란 말로 드러나는 것처럼, 지난 20년 동안 순조로이 인구가 늘어난 곳은 도쿄를 비롯한 일부 대도시뿐이다. 나머지 지방은 인구가 줄어 세수 확보에 어려움을 겪고 있다.

여기에는 다양한 이유가 있지만, 세계화의 영향 또한 무시할 수 없다. 환율과 인건비 등을 고려하여 경쟁력 있는 제조업 기업은 생산 거점을 해외로 이전하고 있다. 한편 글로벌하게 정보와 자본이 몰리는 대도시에는 서비스업을 중심으로 고용이 창출되기 때문에, 인구가 몰리는 경향을 보인다. 특히 서비스업은 뒤에 보는 대로 인구 밀도가 높은 지역에서 발전하기 때문에, 인구가 줄어드는 지방에서는 즐비하게 영업점 문을 닫아버린 '셔터 상점가'가 등장하지 않을 수 없다.

정규직 노동자와 비정규직 노동자의 격차 또한 확대일로이다. 여기에 세대 간 격차 또한 심각해질 가능성이 높다. 실업과 열악한 노동 조건으로 고통 받는 젊은이들 사이에서는 이미 일정한 자산을 가진 고령자가 우대받는 현재의 복지 시스템을 납득하기 어렵다고 주장하고 있다. 이 또한 일본에서만 나타나는 현상이 아니고, 청년 실업률이 올라가고 있는 유럽이나 미국에서도 비슷한 양상을 보인다.

또 산업 간의 대립도 앞으로 더욱 뚜렷해질 것이다. 글로벌 경쟁력을 지닌 산업 입장에서 보자면, 자유무역을 추진해야 세계적인 비즈니스 기회를 노릴 수 있다. 그러나 농업 등의 입장에서 보자면 더 이상의 쇠퇴 양상을 그저 지켜보고만 있을 수 없다. 이런 대립은 노다 요시히코 정권이 추진하던 TPP 참가 여부를 둘러싸고 분명하게 수면 위로 떠올랐다. 이러한 산업 간의 대립은 앞으로도 계속될 것이다.

대도시와 지방의 대립

이러한 대립 가운데 특히 대도시와 지방의 인구 격차 문제가 심각하다. 극히 간단하게만 말하자면 도쿄·나고야를 중심으로 한 대도시권에는 인구가 몰리고 있다. 그러나 그 밖의 지방은 대체로 갈수록 인구가 줄어들고 있어 쇠퇴하는 모습이 역력하다.

글로벌 기업이 몰려드는 도쿄의 수도권, 나고야 중심의 아이치, 오사카의 베드타운으로 기능하는 시가 등은 인구 증가가 현저하다. 군마, 오사카, 후쿠오카 등은 약간 증가했다. 그러나 여타의 지방을 살펴보면 오키나와만이 유일한 예외일 뿐, 모든 현에서 인구 유출이 지속되고 있다.[54]

특히 도쿄 도시권의 인구 증가는 현저하다. 사실 도쿄 도시권도쿄·가나카와·지바·사이타마의 1도 3현에만 3750만 명으로, 세계 최대의 도시권을 자랑한다. 도쿄 도시권은 일본 인구의 30%, GDP의 34%가 몰리는 거대 경제권으로 부상되어 있다.

대도시로의 인구 유입은 고도 성장기부터 시작되었다. 따라서 이것이 전혀 새로운 현상이라고 생각되지 않을지도 모른다. 분명 그런 측면이 있지만, 지금이 당시와는 뚜렷이 다른 한 가지 사실만은 명심해야 한다. 오늘날의 일본은 인구 감소 사회로 돌입했다는 것이다. 따라서 지금 벌어지고 있는 현상은 인구 쟁탈전이다. 그리고 인구를 잃어버린 지방은 급격한 기세로 쇠퇴해가고 있다는 것이다.

그것을 상징적으로 보여주는 것이 '셔터 상점가' 현상이다. 도쿄 도시권에서는지역에도 그런 곳이 있겠지만 상점가의 활기가 아직 남아 있음에 비해, 지방의 중심 시가지에서는 상점가의 셔터가 곳곳에 내려져 있다. 지방 도시는 이제 어디서나 낮에도 사람들의 발걸음이 드문드문해 한적한 광경을 연출하고 있다. 공장 등이 해외로 이전함으로 말미암아 일자리를 찾는 젊은이들이 모두 대도시로 이동하기 때문에, 이런 광경은 일본 전국 어디서나 볼 수 있게 되었다.

이것은 단순히 세계화의 영향만이 아니라 서비스 경제화산업이나 고용의 중심이 제조업에서 서비스업으로 전환해가는 현상의 영향도 있다. 서비스업, 특히 소매업 등으로 대표되는 대인 서비스업의 발전은 인구 밀도에 비례한다. 이러한 '밀도의 경제성'이 작동하기 때문에, 서비스업은 인구가 많은 지역에서 발전하는 경향을 보인다. 인구 과소人口 過疎 지역은 손님이 적고 회전율도 떨어지기 때문에, 이는 결코 기이한 이야기가 아니다.

인구가 감소 국면으로 접어든 지역에서는 손님을 광역화하여 자동차를 이용한 쇼핑 고객을 겨냥한 대규모 체인점밖에 살아남지 못한다. 지방도시의 중심 시가지에서 셔터 상점가 현상이 두드러지는 것은 이러한 사정 때문이다.

인구 구조의 전환은 정치에도 영향을 미친다. 일본은 과거 지방을 표밭으로 삼아온 자민당이 오래도록 정권을 맡아왔다. 그 중심적 역할을 한 인물도 예를 들어 다나카 가쿠에이田中角榮 등 지방 출신 정치가였다. 그런 인물의 지휘 아래 공공사업 등을 통한, 도시에서 지방으로의 소득 이전이 이루어져 온 것이다.

그러나 1990년대 이후 이런 구도에 변화가 생겼다. 도시 주민의 발언권이 강화되고, 대도시 출신 정치가의 영향력도 덩달아 커졌다. 2000년대의 구조개혁에서는 공공사업의 삭감과 지방 교부금의 수정이 추진되었는데, 이것을 추진한 인물이 가나카와 현 출신의 고이즈미 준이치로小泉純一郎였다. 이것이야말로 대도시와 지방의 격차 문제를 상징적으로 보여준다.

현재도 추진 중인 지방 분권 개혁은 실은 이러한 흐름 위에 있다. 그 단적인 예는 나고야의 '독립'을 선언한 가와무라 다카시河村たかし 시장, '오사카로부터 일본을 바꾼다'고 주장하는 하시모토 도루橋本徹 시장일 것이다. 어쨌든 도쿄·나고야·오사카의 수장들의 발언권이 강화되고 있는 데에는 이런 사정이 작용한다.

'작은 정부'가 대립을 가속화한다

원래 이런 다양한 국내 대립을 완화시키는 것이 정치의 역할이다. 그러나 오늘날 일본의 정치는 그런 역할을 수행하고 있다고 말하기에는 매우 어려운 상황이다.

도시에서 지방으로 넘겨주는 소득 이전은 공공사업의 삭감 등으로 중지되고 있는 실정이다. 지방 교부금 등을 통한 세수 이전 또한 도시 간 경쟁을 내건 지방 분권 개혁 속에서 잇따라 수정을 가할 대상으로 내몰리고 있다.

이런 움직임의 배경에는 재정 적자가 확대되고 있는 현실이 자리 잡고 있다. 불황과 디플레이션에 따라 세수는 지속적으로 줄어들고 있음에도, 복지를 중심으로 지출은 계속 늘어난다. 이래서는 재정 파탄을 맞이한다는 위기의식 아래 추진된 것이 고이즈미 정권의 '구조 개혁'이었다.

일본 국민들이 이 개혁을 지지했던 까닭은 이권을 둘러싸고 여론의 불만이 팽배했기 때문이다. 공공사업은 일부 토건업자에 대한 이권 몰아주기이다. 이러한 기득권을 향수하는 세력이 있었기 때문에 경제는 효율성을 잃고, 재정 적자도 줄어들지 않는다고 보았다. 이런 기득권 문제는 농업과 복지 쪽에도 해당되는 것이어서 정책을 대대적으로 손보아야 한다는 목소리가 높아졌다. 향후 세계적 불황이 보다 심화되면 줄어든 재정의 규모를 둘러싼 국내 대립이 더더욱 심각해질 것이다.

그러나 국가는 대도시만으로 구성된 것이 아니다. 또한 일부 경쟁력을 갖춘 산업으로만 구성된 것도 아니다. 세계화 속에서 취하는 '작은 정부' 노선은 갈수록 심각해지는 국내의 격차와 대립을 오히려 가속시키고 만다.

세계화는 정부를 키운다

이러한 국내의 대립을 완화하기 위해선 정부 규모를 키워야 한다. 세계화
가 초래하는 사회적 대립을 억누르기 위해서는 '작은 정부'가 아니라 '큰 정
부'가 필요하기 때문이다.

제3장에서도 다룬 것처럼 세계화가 진전될수록 정부 규모는 커진다는 실
증적 연구가 있다. 같은 선진국 가운데에도 유럽은 미국과 일본에 비해 '큰
정부', 즉 정부 지출의 규모가 크다는 특징을 보이고 있음은 잘 알려진 사실
이다. 그것은 전후 유럽의 역내 무역이 활발했던 데 따른 자연스런 귀결이
었다.

세계화가 진전되고 경제가 국제 경쟁의 압력에 노출될수록 사람들은 사
회 안전망을 충실하게 갖춰줄 것을 정부에 요청하게 된다. 실업 위험이나
노동 환경 악화에 대응하기 위해 생활 보호를 요구하게 되는 것이다. 급격
한 경제 환경의 변화로 일자리를 잃어버린 노동자가 다른 일자리를 찾을 때
까지의 생활 보장은 노동 시장이 원활하게 작동하도록 하는 데 오히려 긴요
한 장치이다. 정부가 적극적으로 국민의 생활을 보살피는 복지국가는 경제
의 세계화와 표리일체를 이룬다.

미국이나 일본이 지금까지 유럽 국가들에 비해 '작은 정부'였던 것은 단적

으로 무역 개방도가 낮았기 때문이다. 그러나 향후 세계화가 보다 진전될수록 복지 수단의 확충은 피할 길 없는 정치적 과제로 떠오를 것이다.

리먼 브라더스 사태 이후 오바마 정권이 한편에선 수출 증대 전략을 논하고, 다른 한편으론 복지오바마 케어라 불리는 건강보험 개혁안 등 확충을 시행하려 드는 것도 그런 배경 아래 이해할 필요가 있다. 세계화의 추진과 복지의 확충은 모순은커녕 역사의 추세라고 보아야 한다.

다만 그 길이 결코 용이하지 않다는 것이다. 복지 확충은 고소득자의 조세 부담률을 높이게 된다. 당연히 이는 그들의 큰 반발을 야기한다. 또 재정 적자의 문제가 있다. 유로존 국가들 사이에서는 통화의 신뢰성을 사수하기 위해 어느 나라나 긴축 재정을 강요받고 있다. 특히 국가 채무 위기를 끌어안고 있는 나라에서는 오히려 복지를 삭감하라는 압력이 걸리고 만다. 일본 또한 마찬가지이다. 2009년 민주당 정권은 자녀수당과 고교 무상교육 등의 복지 확충 공약을 내걸고 정권 교체를 실현했다. 그러나 재정 적자가 급격히 확대된 결과 재정 긴축과 증세로 방향을 돌리지 않을 수 없었다.

각국 모두 세계적 불황 속에서 실업이 심각한 사회 문제로 떠오르고 있음에도 불구하고, 재정을 확충하기는커녕 오히려 긴축하는 방향으로 돌아서고 있다. 이는 세계화가 더욱 진전될 앞날을 생각할 때 결코 무시할 수 없는 불안정 요인이라 하겠다. 세계화를 계속 추진하되 정부 재정 지출 규모는 더 이상 키울 수 없다고 한다면, 사회에서는 다양한 층위의 분열 양상이 확산될 것이 분명하기 때문이다. 이것은 선진국만의 문제가 아니다. 중국 등 급속한 세계화를 겪고 있지만 복지가 발달하지 않은 나라에서는 당연하게도 국민들의 다양한 불만이 분수처럼 솟구칠 것으로 예상되기 때문이다.

균형을 잃어버린 국가

세계화와 서비스 제조업이 발전하면, 대도시권 중심의 경제 발달은 어느 정도 필연적인 추세라 할 수 있다. 그러나 그로 인해 일본이 전혀 다른 리스크를 끌어안게 된다는 점을 놓쳐선 안 된다.

그 전형적인 사례로 가장 먼저 꼽을 수 있는 것이 지진이다. 2011년의 동일본 대지진 이후 일본 열도가 언제든지 대지진이나 쓰나미에 맞닥뜨릴 수 있다는 점을 새삼스럽게 자각하게 되었다. 일본이 지진 활동기에 접어들었다는 설도 유력하게 떠돈다. 수도 직하형 지진直下型地震. 단층이 상하·수직 방향으로 움직이면서 일어나는 지진으로 내륙형 지진이라고도 불림. 일반 지진은 단층이 좌우·수평으로 움직임에 비해 직하형 지진은 단층이 아래위로 움직이면서 상하진동이 심해 피해규모가 큼·옮긴이 가능성을 결코 무시할 수 없다. 도카이東海·난카이南海·도난카이東南海 지진이나 그 세 곳에서 연동해 벌어질 리스크도 존재한다. 이러한 일본 국토의 구조를 생각할 때 도쿄, 나고야, 오사카 등 대도시권에 인구가 집중하는 지금의 구조는 재해에 극히 취약하다고 하지 않을 수 없다.

이와 같은 지적은 국방과 관련해서도 통한다. 일본은 기다란 국경선으로 둘러싸인 섬나라이기 때문에, 지방의 인구가 줄어드는 것은 국방에 결코 무시할 수 없는 영향을 미친다.

그 밖에도 도시는 육아 비용이 많이 들어가게 되므로 아이를 적게 낳는 저출산 현상을 초래하고, 지방 공동체의 약화는 지방 문화를 황폐하게 만든다. 전력 공급 체계도 지금까지 이상으로 정비하지 않으면 안 된다. 지금의 대도시 인구 집중을 전제로 삼는 한 원자력 발전 등을 이용한 대규모 집중 발전이라는 전력 구조를 쉽사리 바꾸지 못하게 된다.

평시의 사상, 위기의 사상

대도시로의 인구 집중은 '효율화'의 관점에서 볼 때 어쩔 수 없다는 의견도 있다. 자원을 가능한 한 효율적으로 이용하는 것이 바람직하다는 관점에서 볼 때 인구와 자본이 도쿄 등의 대도시로 집중되는 것이 당연하다고 보는 견해이다. 인구가 줄어드는 지방에 공공사업 같은 형태로 자원을 재분배하는 것은 오히려 비효율이다. 사실 그런 사고방식에 입각하여 2000년대의 구조 개혁도 진행되었던 것이다.

또한 '효율화'라는 관점에서 보면 경제의 중심이 수출과 해외 투자로 옮겨가는 것을 당연하다고 간주한다. 높은 경쟁력을 지닌 글로벌 기업에 사람과 자본이 몰리고 정체 기미를 보이는 국내 시장을 벗어나 수익성 높은 해외로 투자 방향을 돌리는 까닭은 그게 더 효율적이기 때문이라고 보는 것이다. 효율성이란 관점에서 본다면 대도시로 집중되는 인구 구조나 세계화의 진전은 모두 당연한 귀결이라고 하겠다.

세계화에 따른 이런 변화를 정부가 적극적으로 뒷받침하는 체제를 제3장에서 현대판 중상주의라고 지칭한 바 있다. 시장 경제 논리를 관철시키려 한다면, 국가가 중상주의로 돌아서는 것은 당연한 현상이다.

그러나 효율화를 중시하는 관점은 어떤 충격도 일어나지 않는 비현실적인 세계를 상정함으로써만 가능한 것일지도 모른다.

일단 해외에서 커다란 충격이 발생하면, 수출이 큰 타격을 입는다. 급격한 엔고 현상이 벌어지면 투자에 따른 수익을 잃어버리게 된다. 지진이나 쓰나미 등의 자연 재해에 따른 충격은 계산하기조차 어렵다. 향후 국가 간의 긴장 관계가 높아지면 해외 진출에 따른 리스크도 커질 것이다.

오늘날 일본이 들어서고 있는 지점은 이러한 경제, 자연 재해, 안전 보장 등 다양한 측면에서 위기가 빈발하는 시대이다. 위기의 시대에는 단순히 효율을 추구하는 평시의 사상과는 다른 발상이 요구된다.

세계화는 복지국가로 귀착된다

그러나 그렇게 주장하면 곧바로 다음과 같은 반론이 제기된다. 글로벌 경쟁 시대에 효율성을 희생하는 행위는 있을 수 없다. 경쟁력 있는 수출 사업을 뒷받침하여 대도시로 인구를 집중시키는 것은 국제 경쟁에서 살아남기 위한 당연한 선택이다!

이런 주장을 일률적으로 부정할 생각은 없다. 분명 해외와의 경쟁이 벌어

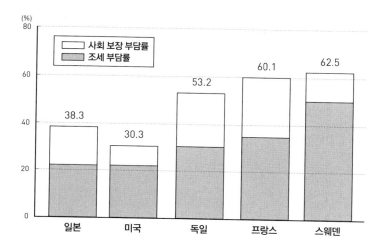

[그림11] 국민 부담률의 국제적 비교(2009년)

일본 재무성의 데이터http://www.mof.go.jp/tax-policy/summary/condition/020.htm홈페이지 자료에는 최신 자료로 업데이트되어 있음 · 옮긴이를 토대로 작성.

지는 가운데 글로벌 기업이 국내외로 규모를 키워 나가는 전략의 선택은 필연적이다. 또 글로벌한 도시 간 경쟁 속에서 글로벌 자본을 끌어들이는 매력을 도쿄 등의 대도시권이 갖추고 있다는 점도 부인하지 못한다. 이러한 도시에서 가능한 한 세수를 올리지 않으면 지방으로의 재분배도 가능하지 않다는 것도 사실이다.

그러나 세계화 노선을 추구함과 동시에 복지의 확충 또한 도모하지 않으면 국가의 안정을 이룰 수 없다. 세계화를 추진하는 것은 '작은 정부' 아래에서는 불가능하다.

쇠퇴하는 지방에 대한 보조금의 증가, 고용의 구제, 사회 보장의 보강과 같은 복지 확대를 반드시 동반하게 마련이다. 세계화를 용인하여 효율성을 추구하고 대도시로의 인구 집중이나 중상주의를 진전시키는 만큼 경제는 충격에 대한 취약성을 드러낸다. 그렇기 때문에 이를 보강하는 정부 활동을 오히려 키워 나가야 한다는 역사적 추세를 거스를 수 없다.

세계화를 추진하는 일본은 빠르든 늦든 복지 확충을 서둘러야 할 것이다. [그림11]에서 보는 바대로 선진국과 비교해볼 때 일본의 국민 부담률은 낮은 수준이다. 또 인구 1000명당 공무원 수는 프랑스 95.8명, 미국 73.9명, 독일 69.6명이다. 이에 비해 일본은 42.2명으로 확연히 그 수가 적다.[55]

이런 상황을 개선하여 일본을 '커다란 정부' 노선으로 전환하지 않고는 세계화가 초래하는 경제 사회의 불안정화를 견뎌낼 수 없다. '작은 정부'를 지속하면서 세계화를 추진하기란 불가능하다.

그러나 세계화와 '큰 정부'의 조합은 과연 바람직한가? 복지국가도 지나치면 많은 폐해를 초래한다. 복지국가의 확대가 가족과 공동체 같은 사회의 가치를 붕괴시키는 측면이 있다는 지적 또한 자주 듣게 된다. 복지국가란 지금까지 공동체가 공급해왔던 치안이나 복지육아·교육 등를 정부가 실행하는 시스템이다.

그러나 그것은 행정의 비대화와 더불어 가족이나 공동체의 축소를 부른다. 과다한 행정 비용을 유지하기 위해서는 경제를 더욱 성장시키고 세수를 늘려야 한다. 민주주의 체제하에서 일단 부풀어 오른 복지를 나중에 삭감하기란 지극히 어렵기 때문이다.

세계화를 적극적으로 추진하며 '큰 정부'에 의한 복지국가화를 도모하는 것만이 일본이 나아가야 할 유일한 길일까? 아니면 세계화에 일정한 제한을 가하며 시간이 걸릴지라도 가족과 공동체를 재생시켜 나가면서 국내의 도시와 지방, 나아가 다양한 산업 간의 균형을 도모하는 선택이야말로 일본이 나아가야 할 새로운 길일까?

이러한 선택의 문제를 일본만 홀로 짊어지고 있지는 않다. 21세기를 맞이한 각국의 정치에 모두 걸려 있는 극히 중요한 과제이다.

제 7 장

—

공황 이후의
세계에서 살아남기

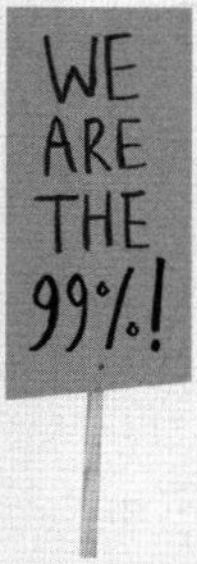
WE
ARE
THE
99%!

두 번째 '탈세계화'가 찾아온다

지금까지 서술한 내용은 과거 역사의 패턴에 비춰본, 극히 개략적인 예상에 지나지 않는다. 미래의 일은 아무도 알 수 없기 때문에 이번의 위기 또한 각국의 정치적인 노력이 결실을 맺어 경기가 순조롭게 회복되고 세계는 다시금 세계화의 확대 방향으로 나아가게 될지도 모른다.

그러나 이 말만은 분명하게 할 수 있겠다. 세계화는 한번 시작되면 일직선으로 나아가는, 이른바 불가역적인 것이 아니라는 사실이다. 역사적으로 보아 세계화는 어느 시점에 반드시 반전하는 국면을 맞이하게 된다. 이 책에서 살펴본 바와 같이 세계화는 결코 역사의 필연이 아니며, 한번 시작되면 영원히 계속되는 프로세스가 아니다.

현실의 경제적 흐름을 보아도 탈세계화로 풍향이 바뀔 소지가 이미 조성되어 있다. 글로벌한 경상수지의 불균형이 구조화되어 있는 데다 자본 이동의 자유가 확대된 현재의 글로벌 체제에서는, 설사 단기적으로 이번 위기가 극복된다 해도 언제 버블이 생성되었다가 붕괴되며 위기 상황에 빠져들지 모를 일이다. 그렇게 되면 문제를 해결하기 위해 국가가 전면에 나서는 것을 피하기 어려운 사태가 벌어진다.

불안정한 경제 상황과 한정된 정책 수단에 내몰리는 국가의 움직임이 국제 정치의 커다란 긴장과 결부될 때 세계화는 순식간에 탈세계화로 전환하게 될 것이다.

역사는 명백히 변화의 기로에 선 경계 지점에 와 있다. 일본은 글로벌 경제에 대한 근거 없는 낙관주의에서 벗어나 향후 세계가 나아갈지도 모르는 탈세계화의 시나리오를 좀 더 염두에 둘 필요가 있다.

경착륙을 피하기 위하여

전전의 경우 그런 상황을 맞이한 세계는 결국 보호주의와 블록화를 거쳐 처참한 전쟁으로 치달았다. 그와 똑같은 잘못을 반복하면 안 된다는 것은 말할 필요조차 없겠다.

물론 '탈세계화'가 반드시 전쟁으로 치달으리라고 생각하는 것은 지나치게 비관적이라 하겠다. 향후 세계가 보호주의로 완만히 방향을 바꿔 나가며 국가 간의 대립을 가능한 한 완화시켜 나갈 여지는 얼마든지 남아 있기 때문이다.

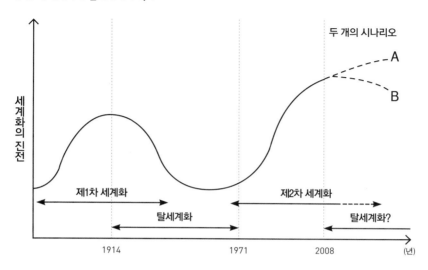

[그림12] 세계화와 탈세계화의 역사

세계화의 진전

두 개의 시나리오

A

B

제1차 세계화

탈세계화

제2차 세계화

탈세계화?

1914   1971   2008   (년)

    역사적으로 볼 때 한번 시작된 탈세계화 동향은 단기간에 끝나지 않는다. 사실 1930년대부터 시작된 뉴딜이나 파시즘 등과 같은 국가 단위의 경제 운용 강화 방식은 제2차 세계대전을 거치며 전후에도 지속되었다. 단기적인 자본 이동을 제한하고 고정 환율 체제로 각국은 국민 경제를 기본 단위로 생각하며 경제 개발을 추구했다.

    그러는 동안 각국의 경제는 강력한 규제 아래 놓여 있었다. 1930년대부터 1940년대에 걸친 전시 통제경제는 종식되었지만, 어느 나라에서나 정부가 주체가 된 경제 운용 체제가 전후에도 이어졌다. 무역은 회복되었지만 관세나 외자의 규제를 포함한 경제 장벽은 잔존했다. 브레튼우즈 체제 아래 각국의 경제 발전은 어디까지나 내수 중심이었다. 전후의 '자본주의의 황금시대'라 불리는 미증유의 경제 성장은 '탈세계화' 시대에 달성되었던 것이다.

물론 이 시기의 경제 성장에는 여러 종류의 우연이 작용했다. 1940년대부터 1950년대에 걸쳐 자동차와 전자 등 생산에 대규모 고용이 필요한 내구소비재 시장이 급속하게 성장했다 1950년대에는 중동에서 큰 유전이 잇따라 발견되어, 저비용으로 석유를 이용할 수 있었다. 산업 증가가 임금 증가를 낳고, 그것이 소비의 확대로 이어지는 국내 경제의 선순환을 낳은 것 또한 이런 기술 혁신이 미친 영향이 컸다고 하겠다.

앞으로 시작될 '탈세계화'로의 전환이 어떤 결말을 초래할지는 아무도 확실하게 말할 수 없다. 그러나 앞으로 시작될 역사적 전환을 불행한 결말로만 상상한다면, 그건 착오일 것이다. 세계화한 세계와 탈세계화한 세계 가운데 우리의 삶에 어느 쪽이 더 나을지는 이제부터 전개되는 역사가 결정지을 것이기 때문이다.

물론 전전의 탈세계화가 전쟁으로 치달았다는 사실을 경시해선 안 된다. 앞으로 세계적인 불황이 본격화하면 환율과 무역을 둘러싼 국가 간의 분쟁은 더욱 거세질 것이다.

특히 국내의 산업과 고용을 보호하고자 하는 선진국과 수출 주도형 성장을 지속하고자 하는 신흥국 사이에서 그런 대립이 두드러지게 나타날 것이다. 전전에는 미국과 영국의 보호주의에 의해 신흥국이었던 독일과 일본이 코너에 몰렸고, 그것이 전쟁으로 이어지는 커다란 요인으로 작용했다. 앞으로 탈세계화로의 전환이 진전된다면 이런 국가 간의 심각한 대립을 억누르기 위한 각국의 활동 강화가 절실하다.

어쨌든 지금 세계는 위기를 맞이하고 있다. 이런 위기를 슬기롭게 극복하기 위해선 세계화에서 탈세계화로의 전환을 가능한 한 완만하게 진행시켜 나가야 한다.[56] 전전에 이루어진 전환 방식은 글로벌 경제의 급속한 붕괴를 초래했다. 두 번째의 전환 상황을 맞이해서는 그 같은 경착륙을 회피하고, 가능한 한 각국의 공존을 유지시켜주는 체제를 갖춰 연착륙을 달성해야 한다.

앞으로 필요한 것은 공정과 안정

지금까지 자본주의의 미래에 대해서는 양극단의 견해밖에 없었다. 하나는 향후 자본주의가 걸어갈 길이 세계화밖에 없다는 것, 또 하나는 자본주의가 이미 그 역할을 마쳤다는 것, 바로 이 두 가지이다.

무역과 투자의 확대에 따른 글로벌 시장의 출현은 지금도 경제학 세계에서는 바람직한 것으로 여겨진다. 필요한 자원이 가격 조정을 통해 필요한 곳으로 배분되는 시장의 효율성이 문자 그대로 세계 수준에서 실현되기 때문이다. 기술과 아이디어를 가진 기업은 해외로 나가기 쉬워지고, 또한 해외의 뛰어난 기업이 국내로 들어오면 국내 경제 또한 활성화된다. 소비자는 해외에서 들여오는 값싼 제품을 살 수 있다.

'시장경제'의 논리에서 보자면 글로벌 시장의 확대는 경제 전체의 효율성을 높인다는 점에서 앞으로도 추진해야 할지도 모른다. 그러나 '자본주의' 논리에 입각하면 어떨까?

지금까지 살펴본 것처럼 세계화 체제 속에서는 운용처를 찾아 단기적인 자금이 유동하기 때문에 버블의 형성과 붕괴가 일어나기 쉽다. 현재처럼 각국의 경상수지 불균형이 존재하는 경우에는 미국이나 남유럽 같은 경상수지 적자국에 대한 자본 이동으로 버블이 일어나기 쉽게 된다. 그리고 일단 버블이 꺼지면 세계 경제 전체가 불확실성의 짙은 안개 속으로 빨려 들어, 리스크에 과도하게 민감해진 돈의 움직임에 각국 경제가 더욱 심하게 휘둘리게 된다.

이에 더해 국내 소득 격차는 어느 나라에서나 심각해진다. 이제까지는 '남북문제'라 불린 것처럼 북쪽의 풍요로운 나라와 남쪽의 가난한 나라로, 국가 수준에서 격차가 벌어져 있었다.

그러나 세계화한 지금은 국내에서 그 격차가 벌어졌다. 부유층은 오늘날 신흥국에나 선진국에나 모두 존재한다. 남북문제는 국가 수준에서 국내 수준으로 대체되었다. 이젠 어떤 나라나 세계화에 따른 은혜를 입는 층과 거기에서 배제되는 층 사이에서 대립이 격렬해지고 있다.

이러한 경제적 불안정의 확대와 그에 따른 정치적 불안정이야말로 향후 각국이 극복해야 하는 자본주의의 가장 큰 과제이다. '시장경제'라는 관점에서 세계화를 옹호하는 사람들은 시장의 효율성을 우선시하는 나머지 공정과 안정 같은 사회의 또 다른 가치를 잘라내버리는 경향을 보인다.

그러나 향후 국내의 정치적 대립과 국가 간의 대립이 격화되는 상황에서, 그것들을 마냥 잘라내버리기란 불가능할 것이다. 국내 수준에서나 국가 간 수준에서나 경제의 효율성만이 아니라 사회적 공정과 정치적 안정을 어떻게 실현해 나갈 것인가가 시험대에 올라 있는 셈이다.

자본주의는 끝나지 않는다

한편 이러한 위기가 일어날 때마다 자본주의는 끝났다는 극단적인 견해가 확산된다. 전전의 대공황 뒤인 1930년대부터 1940년대에 걸쳐서도 자본주의가 이제 발전을 이끌어갈 추진력을 잃었다는 비판이 쏟아져 나왔다. 자본주의는 이제 그 역사적 역할을 공산주의에 넘겨야 한다는 마르크스주의의 영향력이 강화된 것도 그즈음이었다.

그러나 자본주의는 그렇게 쉽사리 끝나지 않는다. 앞으로 역사가 세계화로부터 탈세계화로 방향 전환을 할지 몰라도, 자본주의가 종말을 맞이하진 않는다. 사실 전후의 세계는 글로벌 자본주의로부터 국민자본주의로 전환함으로써 다시 살아났다. 세계화에 의해 무제한적으로 확대된 생산과 금융의 네트워크를 국가 단위로 응집함으로써 발전의 새로운 기회를 만들어낼 수 있었다.

물론 자본주의가 무한히 성장할 것인지 아닌지는 알 수 없다. 앞으로 '탈세계화'가 진전되어 전전과 마찬가지 패턴을 그린다 해도 다시 황금시대가 찾아온다고는 단정하지 못한다. 또한 가령 새로이 성장일로를 걷는다 해도 그 속도는 필시 과거에 비해 많이 느려질 것이다. 이런 저성장 기류를 전제로 한 경제 사회의 비전이 요구되는 상황인 것만큼은 분명하다.

그러면 과연 어떻게 될 것인가? 나는 이 질문에 대답을 찾도록 도와줄 힌트가 케인즈가 말하는 '투자의 사회화'에 있다고 생각한다. 마지막으로 이 점에 대해 조금 언급해두고자 한다.

'투자의 사회화'

세계 대공황에 따른 혼란이 뚜렷하던 1936년에 쓴 『일반이론』에서 케인즈는 '투자의 사회화socialization of investment'가 20세기 자본주의가 안게 될 최대의 과제라고 썼다. 통상적인 해석으로 이는 정부에 의한 공공 투자를 의미한다. 공황이 일어나 경제가 전반적으로 현저한 불확실성에 휩싸이면, 민간 기업은 투자를 꺼리게 된다. 그때 정부가 공채를 발행해 민간의 자금을 끌어들여 적극적인 인프라 투자 등을 행해 경기를 부양한다. 그것이 케인즈주의라고 지칭되고 있다.

그러나 '투자의 사회화'라는 말의 의미를 나는 좀 더 확장시켜 생각해보고 싶다. 물적 자본의 투자만이 투자는 아니다. 예를 들어 최근의 사회학이나 정치학에서 주목받고 있는 사회 관계 자본이라는 개념이 있다. 이는 공동체에 존재하지만 눈에 보이지 않는 규범 혹은 호혜의 네트워크를 일종의 '자본'으로 파악함으로써, 그 유지와 확대의 프로세스에 주목하는 접근법이다.

이런 생각에서 보자면 공동체의 인간 관계는 자본이다. 인근의 편안한 장소에서 주민회의를 개최하거나 물품을 빌리고 빌려주는 행위는 투자이다.

사실 이러한 사회 관계 자본이 축적된 지역일수록 치안과 교육·복지 등에서 혜택을 많이 본다.[57] 자신이 갖고 있는 일부 자산 — 모든 인간이 갖고 있는 시간이라는 자본 — 을 임노동으로 사용하지 않고, 공동체를 위해 사용하여 무언가 장기적인 수익을 얻는다. 이 또한 투자이다. 일정 기간 동안 화폐를 제공하고 미래의 수익을 화폐로 얻는 것이른바 이자 수입만이 투자가 아니다. 자신의 시간을 친구나 공동체를 위해 쓰고, 그 비화폐적인 수익을 오랜 시간이 지난 뒤에 얻는 것도 투자인 것이다.

자본주의란 투자에 의해 사람들이 이용할 수 있는 자본을 늘려가는 운동이다. 그때 말하는 자본에는 화폐로 환산 가능한, 즉 눈에 보이는 자본만이 아니라 이와는 전혀 다른 무엇 — 인간관계와 조직의 신뢰 또는 교육과 지식 등 다양한 것 — 이 포함되어 있다고 생각해야 한다. 화폐의 투입에 따른 기대 수익을 추구하는 투자가 아니라 그런 유형무형의 무언가로 투자 개념을 확장시켜나가는 것이 저성장 시대 자본주의의 존재 방식을 생각해보는 데 중요한 힌트를 준다고 생각한다.

자본 개념의 확장

자본이라는 말에는 단순히 물적인 자본만이 아니라 공동체의 인간 관계나 조직의 신뢰 같은, 딱히 화폐로 환산할 수 없는 무형의 자본도 들어간다. 그런 것들이 바탕에 깔린 뒤에야 기업의 활동이나 나날의 경제 활동이 존재한다. 이는 그다지 새로운 발견이랄 것도 없이 일상생활 속에서 누구나 소박하게 느껴볼 수 있는 것이다.

예를 들어 농업은 앞선 세대에게서 물려받은 관개시설 등의 물적 자본이나 인간 관계의 계승, 그 속에서 주고받는 지식의 발전 등의 바탕 위에 성립된 산업이다. 이는 제조업이나 서비스업에도 그대로 적용된다. 일본의 제조업이 이렇게까지 발전할 수 있었던 것은 여러 세대에 걸친 기술과 지식의 축적 및 계승이 있었기 때문이고, 그것을 지탱해준 조직과 공동체의 네트워크가 있었기 때문이다. 이러한 무형의 다양한 자본이 뒷받침해주고 있기 때문에, 비로소 우리들의 생활 또한 자리를 잡고 있는 것이다.

이것은 지극히 당연한 사실이지만, 유감스럽게도 오늘날의 사회과학에서 이런 무형의 자본은 정당하게 평가받지 못하고 있다. 경제학이나 사회학, 또는 경영학이나 회계학에서 이러한 무형의 자본은 계측하기가 쉽지 않기 때문에 제도나 정책을 논할 때 정당한 논의 대상에 오르지 못한다.

그러나 화폐로 환산 가능한 유형의 자본뿐만 아니라 화폐로 환산이 불가능한 무형의 자본도 늘어나지 않으면 우리의 생활이 풍요로워지지 않게 될 것임은 불문가지이다. 모든 국가에는 몇 세대에 걸쳐 축적된 '국민자본 national capital'이 존재하고, 그것이 좋게도 나쁘게도 우리의 경제적 활동을 규정한다.

이처럼 화폐를 매개로 할 필요가 없는 자본에 주목하여, 그런 자본의 축적이 우리 생활에 어떤 편익을 — 또는 불편익을 — 초래하고 있는가를 정당하게 평가할 필요가 있다는 것이 나의 생각이다. 경제 사회의 새로운 비전을 생각하기 위해선 이런 자본 개념의 확장은 꼭 이루어져야 하지 않을까.

1920년대에, 다가올 폭풍우의 시대를 예감하면서 케인즈는 이런 글을 남겼다.

미래를 향한 다음의 한 걸음은 정치적 선동이나 시기상조의 실험에 의해서가 아니라 사상으로 이루어질 것임에 틀림없다.[58]

나는 이 말에 지금도 진리가 담겨 있다고 생각한다. 21세기 초에 우리에게 닥친 곤란한 사태를 맞아 미래를 전망하기 위해서는 역시 사상의 힘이 필요하다.

세계화는 결코 멈출 수 없는 역사의 흐름이다 — 이제까지 일본에서는 그렇게 생각해왔다. 그러나 정말 그럴까? 지난 역사를 되돌아보는 가운데 이 책에서 이제까지 다룬 내용은, 압축하자면 바로 이에 대한 문제 제기였다.

현재 닥친 세계적인 경제 위기는 흔히 전전의 대공황과 비교된다. 미국의 거대한 버블 붕괴에서 시작된 것, 그 불똥이 유럽으로 튄 것 등은 분명 아주 흡사한 패턴을 그리고 있다. 눈이 어지러울 정도로 빠른 단기 자금의 이동에 따라 통화를 중심으로 경제적 변동성이 커지고 있는 점 등 공통점을 찾자면 얼마든지 추려낼 수 있다.

문제는 여기에서 어떤 교훈을 끄집어낼 것인가이다. 이 책에서 강조한 것은 이런 거대한 경제 위기가 세계화한 자본주의의 거의 필연적인 귀결이라는 사실이다. 자본주의는 가만두어도 폭주하기 십상인 경제 시스템이다. 그런 폭주를 제어할 기제를 국내적으로나 국제적으로 제대로 마련해놓지 못한 상황에 놓이면, 거대한 위기 발생은 거의 시간문제가 아닐 수 없다.

그렇게 되고 나면 어떤 일이 벌어질까? 역사적으로 보아 세계화의 시대는 결코 오래 지속되지 않는다. 지금으로부터 100년 전의 제1차 세계화는 제1차 세계대전과 대공황을 계기로 탈세계화로 급반전했다. 이런 역사적 과정을 염두에 두고 현재의 세계화, 곧 제2차 세계화의 미래를 통찰할 필요가 있다.

물론 미래에 무슨 일이 벌어질까를 구체적으로 예상할 수는 없다. 이 책의 논의는 어디까지나 역사의 대략적인 패턴을 제시해본 것에 지나지 않는다. 과거의 지나친 세계화는 최종적으로 두 차례의 전쟁을 겪으며 종말을 맞았다. 그런 역사를 반복하지 않으려면 무엇이 필요한가를 생각해보는 것이야말로 이 위기의 시대에 사상과 행동의 참된 지침을 찾게 해주는 중대 과제이다.

세계화는 지금의 형태로는 오래 지속되지 않으리라고 본다. 이런 생각을 처음 한 것은 1990년대 말경이었다. 아시아 통화 위기로 세계 경제가 혼란을 겪던 시기에 해당한다. 일본에서는 야마이치 증권 등 대형 금융기관의 도산이 잇따랐고, 상황은 급격히 어두워져가고 있었다.

당시 나는 대학원에서 사에키 게이시佐伯啓思 선생님의 지도 아래^{이 책에 몇 차례나 등장한다} 케인즈 연구를 막 시작한 참이었는데, 케인즈가 동시대의 세계 경제에 대해 행한 분석이 현대에도 거의 그대로 맞아떨어진다는 점 때문에 놀라움을 느끼고 있었다. 케인즈는 대공황 시기에 정부의 재정지출 확대를 제창한 경제학자로서 저명하다. 그러나 그가 전 생애에 걸쳐 도전한 것은 글로벌 경제가 지니는 근원적인 불안정성을 극복하기 위한 방안 찾기였다고 생각하지 않을 수 없다.

마침 그 무렵 유럽과 미국의 경제사 분야에서는 19세기 말부터 20세기 초에 걸쳐 세계 경제가 지금과 매우 흡사한 세계화를 체험했다는 연구 성과가 많이 발표되고 있었다. 그러한 연구 내용을 읽어 나감에 따라 아시아 통화 위기 같은 거대한 경제적 충격은 세계화한 경제 특유의 현상이고, 유사한 사건이 앞으로도 반복될 것임에 틀림없다고 생각하게 되었다.

그리고 리먼 브라더스 사태가 터졌다. 그 여파가 유럽으로 번져 나갔고, 그것이 또 다른 위기로 발전하는 양상을 보이고 있다. 혹시 역사의 커다란 패턴이 반복되고 있는 것은 아닌가 하는 나의 예감은 거의 확신에 가까워지고 있다. 세계는 다시 앞이 보이지 않는 불확실성의 깊은 안개 속에 뒤덮여 가고 있는 것이다.

물론 역사는 과거와 똑같이 반복되지 않는다. 그러나 미래의 실마리는 역시 역사에서 구하는 수밖에 없다. 과거와 현재를 왕복해가며, 거기에서 무슨 일이 일어났는가를 냉정히 살펴보지 않고, 이 혼란한 시대를 헤쳐 나갈 지침을 얻기란 불가능하지 않을까? 그런 문제의식을 가지고 이 책을 집필하게 된 것이다.

이 책에 앞서 발행한 『글로벌 공황의 진상』나카노 다케시 씨 공저에 이어 편집부의 핫토리 유케이 씨에게 큰 도움을 받았다. 다시금 깊이 감사드림과 함께 이 책의 출판에 힘써주신 다른 모든 분들에게도 고마운 마음을 표한다.

2012년 9월

시바야마 게이타

'조용한 대공황', 글로벌 금융위기에 대한 낙관론에 일침을 가하다

 2008년 리먼 브라더스 사태를 계기로 불거진 글로벌 금융위기는 1930년대의 세계 대공황기와 같이 지구 전체를 뒤엎는 패닉 상태로는 표출되지 않았기 때문에 이를 대수롭게 여기지 않는 경향이 나타나고 있다. 실제로 이는 위기에 처한 각국 정부가 거액의 자금을 아낌없이 투입하여 위기의 '시끄러운' 전개를 필사적으로 막아보고자 했던 것의 결과이다. 그 위기의 본질은 이전과 같이 파괴적으로 나타났던 세계 대공황과 다름없는 것으로 봐야 한다. 이와 같은 측면에 초점을 맞춘 저자는 지금 전 지구적으로 나타나고 있는 금융 위기는 그야말로 자본주의의 모순을 적나라하게 보여주었던 역사 속의 대공황과 같은 맥락의 것이라고 보았다. 다만 이전과는 다르게 거대한 자금을 투입할 수 있는 각국 정부의 능력의 진화로 인해 이것이 '조용하게' 표출된다는 점에서 '조용한 대공황'으로 간주한다.

 글로벌 경제 위기를 일시적인 경기 침체로 보는 다른 논자들과 달리, 저자는 지금의 경제 위기가 각국의 정치 위기와 사회 위기를 초래하고 있다고 주장한다. 또 각국 간 통화 가치 절하 경쟁과 보호주의 등을 동반하고 있다는 점에서 1930년대와 닮은 위기의 패턴을 보이고 있다는 점을 강조하면서 독자들의 경종을 울리고 있다. 이런 저자의 주장이 다른 논자에 비해 갖는 비교우위는 글로벌 차원의 경제 위기가 갖는 심각성을 역사적 관점에서 보다 근본적으로 이해할 수 있게 해준다는 데 있다.

자유주의자들은 각국 간의 경제적 의존성이 높아져, 세계 경제의 연결성이 강화되었기 때문에 국가 간의 전쟁이 쉽게 일어날 수 없다고 보는 낙관론을 펼친다. 게다가 이들은 금본위제로 불리는 국제 금융 시스템에 문제가 있었지만 지금은 이를 채용하지 않기 때문에 이전에 비해 훨씬 자유도가 높은 경제 정책을 취할 수 있다고 말한다. 하지만 저자는 1930년대에도 이와 같은 논의가 전 세계적으로 전개되고 있었던 점을 지적하면서 이들의 주장을 일축하고 있다.

자유로운 금융 정책은 시장에 필요 이상의 과잉유동성을 조성하여 거액의 자금 유출입을 허용한다. 저자는 과잉유동성이 오히려 시장을 불안정하게 하는 이른바 '의도하지 못한 부작용'을 초래한다고 주장한다. 이는 결국 군사적 전쟁의 서곡으로 볼 수 있는 통화전쟁인 통화 가치 절하 경쟁을 부추기고 있다고 주장하고 있다.

지금도 여전히 심화되고 있는 글로벌 차원의 '조용한 대공황'이 더 이상 파국적으로 전개되지 않게 하기 위해서는 각국이 내수를 확대시키는 것 외에는 방법이 없다. 이와 관련해서 저자는 지금 대부분의 나라에서 글로벌화로 인한 양극화 문제가 심화되면서 중산층이 몰락하고 있어 내수 확대를 통한 위기 억제가 쉬운 것이 아니라고 지적하고 있다. 이는 소득 및 자산 양극화, 대기업과 중소기업 간 양극화, 수출 기업과 내수 기업 간 양극화 등 다양한 형태의 심각한 양극화 현상에 허덕이고 있는 우리나라에 있어서 거대한 규모의 경제 위기에 직면했을 경우 취할 수 있는 대책의 선택지가 매우 좁다는 것을 경고하는 정문일침으로 보인다.

나아가 저자는 세계를 종횡하고 있는 거액의 잉여 자금이 석유를 필두로 하는 자원 및 식량 시장으로 집중적으로 유입되면, 자원과 식량의 가격폭등을 초래하여 이를 확보하기 위한 국가 간 충돌이 일어날 가능성이 높다고 강조하고 있다. 이 역시 글로벌 차원의 자본 규제의 필요성을 경제적인 측면뿐만 아니라 군사적, 정치적 측면에서도 도출할 수 있게 하는 매우 중요한 논리로 작용하고 있다.

이와 같은 세계경제의 위기적 상황에 대해 저자는 '자본주의라고 하는 것은 투자에 의해 사람들이 이용할 수 있는 자본을 늘여 나가는 운동'이라고 본다. 이 때문에 '공동체적인 인간 관계 및 조직의 신뢰와 같은, 즉 반드시 화폐로 환산될 수 없는 무형의 자본'에 대한 투자를 확대하는 것을 그 처방전으로 제안하고 있다. 이는 지역 사회 및 일국 차원에서의 구성원 간 상호 신뢰, 커뮤니케이션, 호혜를 통해 사회와 경제를 활성화하고자 하는 '사회적 자본Social Capital'에 관한 논의와 맥을 같이 하는 것으로 볼 수 있다. 우리나라 역시 최근 사회적 기업, 협동조합, 지역 화폐 등 다양한 형태의 대안적 정책 개념을 통해 이와 같은 '사회적 자본'을 풍요롭게 하는 것을 목적으로 하는 정책이 추진되고 있다. 이와 같은 일련의 대응들이 그저 실업 문제 해결 또는 고용의 창출을 위한 것으로서가 아니라 세계적 차원에서 전개되고 있는 경제 위기의 상황에 대한 처방으로서 인식되어야 할 필요가 있다. 그러나 지금의 세계 경제에는 이미 높은 투자 수익 기회가 좀처럼 보이지 않기 때문에 이를 추구하여 거액의 자본이 세계 전체를 종횡하고 있는 이상, '높은 투자수익'을 기대할 수 없는 '무형의 자본'에 과연 얼마나 많은 투자가 집중될 수 있는지에 관해서는 보다 심층적인 고민이 필요할 것으로 보인다.

저자의 주장대로, 지금 세계 자본주의는 '조용한 대공황'의 시기에 진입했다. 금융위기에 의해 붕괴한 거품의 크기에 비해 지금의 상황이 '조용하게' 느껴지는 것은 각국 정부가 기업을 구제하고 금융 완화책을 통해 시장에 돈을 인위적으로 흘리고 또 대규모 재정지출을 통해 위기의 상황을 은폐하고 또 최소화하고 있기 때문이다. 또 이와 같은 각국 정부의 처방이 초래하는 부작용은 지금부터 문제화될 것이라는 저자의 핵심적 주장이다. 이를 고려하면, 지금의 글로벌 금융위기에 대한 낙관론은 상대화되어야 할 필요가 있다. 이 책은 우리에게 자본주의적 경제 위기에 대한 보다 현실적이고도 역사적인 접근과 이해를 권유하고 있고 또 세계 경제의 위기적 국면하에서 우리나라가 취해야 할 보다 근본적인 정책과 대응에 관해서도 풍요로운 시사점을 제공하고 있다. 글로벌화의 부작용이 현재화되고 있는 가운데, 급반전의 충격 아래에서 우리나라가 향후 어떠한 정책 기조를 견지하고 또 세계적 차원의 경제위기 속에서 어떻게 살아남을 수 있을 것인지, 그 귀추가 주목될 수밖에 없다.

인천대학교 경제학과 교수 양준호

1 「부동산 하락 – 왜 아시아로 확대되는가」, 『니혼게이자이 신문』, 2011년 12월 18일자

2 경제학자 로버트 실러Robert Shiller는 다음과 같이 서술했다. "선택해야 할 모델은 일본형일 것이다. 재정지출 확대를 반복하여 국가 채무는 대단히 높은 수준이 되었다. 그러나 낮긴 하지만 성장을 유지하고, 공황에까지 이르진 않았다. 그것이 현실적으로 우리가 원하는 최선의 길이라고 생각한다."(『니혼게이자이 신문』, 2012년 5월 20일자)

3 ラグラム・ラジャン, 伏見威蕃・月沢李歌子訳『フォールト・ラインズ ──「大断層」が金融危機を再び招く』(라구람 고빈드 라잔, 후시미 이완·쓰키사와 리카코 옮김 『폴트 라인즈Fault lines –'대단층大斷層'이 금융위기를 다시 부른다』)

4 グナル・ハインゾーン, 猪股和夫訳『自爆する若者たち ──人口学が警告する驚愕の未来』(군나르 하인손, 이노마타 가즈오 옮김 『자폭하는 젊은이들 –인구학이 경고하는 경악할 미래』)

5 ジョン・メイナード・ケインズ, 早坂忠訳『ケインズ全集 第2巻 平和の経済的帰結』(존 메이너드 케인즈, 하야자카 타다시 옮김 『케인즈 전집 제2권 평화의 경제적 귀결』)(단, 원문을 참조하여 번역문을 손봄)

6 역사가 오루크와 윌리엄슨은 세계화를 다음과 같이 간략하게 정리했다. '역사는 세계화가 자기 파멸의 씨앗을 뿌린 것을 보여주고 있다. 그 씨앗은 1870년대에 심기고, 1880년대에 싹을 틔우고, 세기의 전환기에 무럭무럭 자라나고, 두 차례의 세계대전으로 활짝 꽃을 피웠다.'(Kevin H. O'Rourke and Jefferey G. Williamson, *Globalization and History: The Evolution of a Ninteenth Century Atlalantic Economy*, p.93)

7 ジェフリー・ジョーンズ，安室憲一・梅野巨利訳『国際経営抗議 ― 多国籍企業とグローバル資本主義』(제프리 존스, 아무로 겐이치・우메노 교리 옮김『국제경영 강의-다국적 기업과 글로벌 자본주의』)

8 Michael D. Bordo, Alan M. Tayler and Jeffery G. Williamson edit., *Globalization in Historical Perspective*

9 Barry Eichengreen and Michael D. Bordo, "Crises Now and Then : What Lessons from the Last Era of Financial Globalization"

10 Kevin H. O'Rourke and Jeffery G. Willianmson, *Globalization and History : The Evolution of a Nineteenth Century Atlantic Economy*

11 杉山忠平編『自由貿易と保護主義』(스기야마 츄헤이 엮음『자유무역과 보호주의』)

12 トーマス・フリードマン，東江一紀・服部清美訳『レクサスとオリーブの木 ― グローバリゼーションの正体』(토머스 프리드먼, 아즈마에 가즈노리・핫토리 기요미 옮김『렉서스와 올리브 나무-세계화의 정체』)

13 トーマス・フリードマン，伏見威蕃訳『フラット化する世界 ― 経済の大転換と人間の未来(増補改訂版)』(토머스 프리드먼, 후시미 이완 옮김『세계는 평평하다-경제의 대전환과 인간의 미래(개정증보판)』)

14 ニーアル・ファーガソン，仙名紀訳『憎悪の世紀 ― なぜ 20世紀は世界的殺戮の場となったのか』(니얼 퍼거슨, 센나 오사무 옮김『증오의 세기-왜 20세기는 세계적인 살육의 장이 되었는가』)

15 ポール・ケネディ，鈴木主税訳『大国の興亡 ― 1500年から2000年までの経済の変転と軍事闘争』(폴 케네디, 스즈키 지카라 옮김『강대국의 흥망-1500년부터 2000년까지의 경제의 변천과 군사투쟁』)

16 テレーズ・デルベシュ，中谷和男訳『野蛮の世紀』(테레즈 델페쉬Thérèse Delpech, 나카타니 가즈오 옮김『야만의 세기』)

ジョン・J. ミアシャイマー，奥山真司訳『大国政治の悲劇 ― 米中は必ず衝突する!』(존 미어샤이머, 오쿠야마 신지 옮김『대국정치의 비극-미국과 중국은 반드시 충돌한다!』)

17 Financial Times, September 27, 2010

18 イアン・ブレマー，ノリエル・ルービニ「金融危機が出現させた Gゼロの世界 ― 主

導国なき世界経済は相互依存からゼロサムへ」(이안 브레머, 누리엘 루비니 「금융위기가 출현시킨 G0의 세계 – 주도국 없는 세계 경제는 상호의존으로부터 제로섬으로」)

19 ジョン・メイナード・ケインズ, 間宮洋介訳『雇用, 利子および貨幣の一般理論』(존 메이너드 케인즈, 마미야 요스케 옮김 『고용, 이자 및 화폐의 일반이론』)

20 Gordon Brown, "Take Back the Future"

21 미야자와 기이치는 다음과 같이 썼다. '나는 그 뒤 일본에서 논의되던 부실채권 문제를 거슬러 올라가면 아무래도 마지막으로는 플라자 합의에 도달하리라고 생각한다. 지나치게 실증적으로 논의할 수는 없지만 그렇게까지 일국의 통화가치 변동을 불러오는 경우란 별반 없다. 이에 대해 일본 경제가 제대로 대응하기도 하고 그르치기도 한 것이니, 결국 지금의 모습은 아무래도 그런 뒤의 결과가 아닐까 하는 생각을 여러 기회에 하게 되었다.'(御廚貴・中村隆英編『聞き手 宮澤喜一回顧録』(미쿠리야 다카시・나카무라 다카후사 엮음 『미야자와 기이치 회고록』 이와다미 쇼텐) pp. 273−274

22 スザンヌ・バーガーほか, 楡井浩一訳『MITチームの調査研究によるグローバル企業の成功戦略』(수잔 파커 외, 니레이 고이치 옮김 『MIT 팀의 조사연구에 의한 글로벌 기업의 성공전략』)

23 フランシス・フクヤマ, 渡部昇一訳『歴史の終り』(프랜시스 후쿠야마, 와타나베 쇼이치 옮김 『역사의 종말』)

24 イアン・ブレマー, 有賀裕子訳『自由市場の終焉 — 国家資本主義とどう闘うか』(이안 브레머, 아리가 유코 옮김 『자유시장의 종언 – 국가자본주의와 어떻게 싸울 것인가』)

25 アダム・スミス, 山岡洋一訳『国富論 — 国の豊かさの本質と原因についての研究』(애덤 스미스, 야마오카 요이치 옮김 『국부론 – 국가의 부의 본질과 원인에 대한 연구』)

26 佐伯啓思『アダム・スミスの誤算—幻想のグローバル資本主義(上)』(사에키 게이시 『애덤 스미스의 오산 – 환상의 글로벌 자본주의(상)』)

27 「핵심 – 원자바오 총리 전인대 최후의 회견」, 『쥬니치 신문』, 2012년 3월 15일

28 19세기 말의 수송비 절감은 종종 '수송혁명'이라고 불린다. 특히 철 등의 무거운 상품의 수송비가 대폭적으로 낮아졌다.

29 David K. Cameron, "The Expansion of the Public Economy: A Compative Analysis"

30 Dani Rodrick, "Why Do More Open Economies Have Bigger Governments?"

31 Dani Rodrick, *The Globalization Paradox : Democracy and the Future of the World Economy*

32 施光恒・黒宮一太編『ナショナリズムの政治学 — 規範理論への誘い』(세 데루히 사・구로미야 가즈모토 엮음『내셔널리즘의 정치학–규범이론으로의 초대』)

33 「절망의 유럽을 구하는 금단의 해결책」, 『뉴스위크 일본판』, 2012년 6월 20일호

34 John Gerard Ruggie, "International Regimes, Transactions, and Change: Embedded Liberalism in the Postwar Economic Order"

35 カール・ポラニー, 野口建彦・栖原学訳『新訳 大転換』(칼 폴라니, 노구치 다테히코 옮김『신역 대전환』)

36 앞의 책, p.315

37 외무성, 「금융・세계 경제에 관한 정상회담 선언(가역假譯)」, 2008년 11월 15일 http://www.mofa.go.jp/mofaj/kaidan/s_asc/fwe_08/sks.html

38 雨宮昭彦, ヨッヘン・シュトレープ 編著『管理された市場経済の生成 — 介入的自由主義の比較経済史』(아마미야 아키히코, 요헨 스트레프Jochen Streb 편저『관리된 시장경제의 생성–개입적 자유주의의 비교경제사』)

39 ミルトン・フリードマン, 村井章子訳『資本主義と自由』(밀튼 프리드먼, 무라이 쇼코 옮김『자본주의와 자유』)

40 ジョン・メイナード・ケインズ, 間宮洋介訳『雇用, 利子および貨幣の一般理論』(존 메이너드 케인즈, 마미야 요스케 옮김『고용, 이자 및 화폐의 일반이론』)

41 앞의 책 상권 p.217(다만 번역문은 바뀌었음)

42 ジョン・リチャード・ヒックス, 新保博・渡辺文夫訳『経済史の理論』(존 리처드 힉스, 신보 히로시・와타나베 후미오 옮김『경제사의 이론』)

43 ハイマン・ミンスキー, 岩佐代市訳『投資と金融 — 資本主義経済の不安定性』(하이먼 민스키, 이와사 요이치 옮김『투자와 금융–자본주의 경제의 불안정성』)

44 앞의 책, p.92

45 ジョゼフ・A. シュムペーター, 塩野谷祐一・中山伊知郎・東畑精一訳『経済発展の理論 — 企業者利潤・資本・信用・利子および景気の回転に関する一研究』 (죠셉 A. 슘페터, 시오노타니 유이치・나카야마 이치로・도하타 세이이치 옮김『경제발전

의 이론―기업가 이윤·신용·이자 및 경기의 회전에 관한 한 연구』) 다만 혁신Innovation은
'신결합Neue Kombinationen'의 영어 표현임.

46 Niall Ferguson, *The Cash Nexus : Economics and Politics from the Age of Warfare through the Age of Welfare, 1700−2000*

47 James Macdonald, *A Free Nation Deep in Debt: The Finacial Roots of Democracy*

48 フリードリッヒ・A. フォン・ハイエク, 八木紀一郎ほか訳『思想史論集』(프리드리히 A. 폰 하이에크, 야기 기이치로 외 옮김『사상사 논집』하이에크 전집 제2기 제7권)

49 Ethan Ilzetzki, Enrique G. Mendoza and Carlos A. Vegh, "How Big are Fiscal Multipliers?"

50 John Maynard Keynes, edited by Elizabeth Johnson and Donald Moggridge, *The Collected Writings of John Maynard Keynes, Volume 21, Activities 1931−1939, World Crises and Policies in Britain and America*

51 Paul Bairoch, *Economics and World History: Myths and Paradoxes*

52 『일본장기통계총람日本長期統計總覽』에 따르면 일본의 수출 비율은 1930년대에 급증했다. 1929년에 15.7%였지만, 1936년에는 26.1%로까지 올라갔다.

53 1920년대의 미국에서는 농업 분야에서 기술 수준이 높아져, 대규모 노동자가 도시로 유입했다. 대공황 시 대량실업이 일어난 배경에는 이러한 사정도 작용했다. 오늘날 발생하는 제조업의 기술적 실업 또한 신산업으로 쉽사리 흡수되지 않을 가능성이 높아, 고실업 상태가 장기화할지도 모른다.

54 2005~2010년의 누적 데이터. 국세조사보고에 의함.

55 野村総合研究所『公務員数の国際比較に関する調査』(노무라종합연구소『공무원 수의 국제비교에 관한 조사』) 이 숫자에는 일본 우정공사(당시) 등의 정부계 기업과 독립 행정법인의 직원 및 비상근 직원이 포함되어 있다.

56 동시에 그것은 신자유주의로부터의 전환을 동반하게 될 것이다. 전전의 세계화와 결부된 자유주의는 전후 브레튼우즈 체제와 결부된 케인즈주의로 전환되었다. 현대의 세계화와 결부된 신자유주의는 머지않아 다가올 탈세계화 시대에는 영향력을 상실하고, 새로운 사상으로 전환될 것이다.

57 ロバート・D. パットナム, 柴内康文訳『孤独なボウリング ― 米国コミュニテイの崩壊

と再生』(로버트 D. 퍼트넘, 시바우치 야스후미 옮김 『나 홀로 볼링 – 미국 공동체의 붕괴와 재생』)

58 ジョン・メイナード・ケインズ, 宮崎義一訳『ケインズ全集 第9巻 説得論集』(존 메이너드 케인즈, 미야자키 기이치 옮김 『케인즈 전집 제9권 설득논집』) p.353

G. A. 아카로프, R. J. 시라, 山形浩生訳『アニマルスピリット』東洋経済新聞社, 2009年

雨宮昭彦, ヨッヘン. シュトレープ 編著『管理された市場経済の生成──介入的自由主義の比較経済史』日本経済評論社, 2009年

チャールズ P. キンドルバーガー, 吉野俊彦. 八木甫訳『熱狂, 恐慌, 崩壊──金融恐慌の歴史』日本経済新聞社, 2004年

チャールズ P. キンドルバーガー, 石崎昭彦. 木村一郎訳『大不況下の世界──1929~1939(改訂増補版)』岩波文庫, 2009年

ポール・クルーグマン, 山形浩生訳『さっさと不況を終わらせろ』早川書房, 2012年

ジョン・メイナード・ケインズ, 間宮洋介訳『雇用, 利子および貨幣の一般理論』上下, 岩波文庫, 2008年

ジョン・メイナード・ケインズ, 早坂忠訳『ケインズ全集 第2巻 平和の経済的帰結』東洋経済新報社, 1981年

ジョン・メイナード・ケインズ, 宮崎義一訳『ケインズ全集 第9巻 説得論集』東洋経済新報社, 1981年

ジョン・メイナード・ケインズ, 平井俊顕・立脇和夫訳『ケインズ全集 第27巻 戦後世界の形成──雇用と商品』東洋経済新聞社, 1996年

ポール・ケネディ, 鈴木主税訳『大国の興亡──1500年から2000年までの経済の変転と軍事闘争』上下, 草思社, 1988年

佐伯啓思『アダム・スミスの誤算──幻想のグローバル資本主義 (上)』『ケインズの予言──幻想のグローバル資本主義(下)』PHP新書, 1999年

佐伯啓思・柴山桂太編『現代社会論のキーワード──冷戦後世界を読み解く』ナカニシヤ出版, 2009年

ハロルド・シェイムズ, 高遠祐子訳『グローバリゼーションの終焉──大恐慌からの教訓』日本経済新聞社, 2002年

スコット・A。シューン, 谷口功一・柴山桂太・中野剛志訳『〈起業〉という幻想──アメリカン・ドリームの現実』白水社, 2011年

柴山桂太「経済学は〝ストック〟を思考できるか?」『ART CRITIQUE』第二号, 2012年

ジョゼフ・A.シュムペーター, 塩野谷祐一・中山伊知郎・東畑精一訳『経済発展の理論──企業者利潤・資本・信用・利子および景気の回転に関する一研究』上下, 岩波文庫, 1977年

ジェフリー・ジョーンズ, 安室憲一・梅野巨利訳『国際経営抗議──多国籍企業とグローバル資本主義』有斐閣, 2007年

杉山忠平編『自由貿易と保護主義』法政大学出版部, 1985年

ジョスフ・E. スデグリッツ, 楡井浩一・峰村利哉訳『世界の99%を貧困にする経済』徳間書店, 2012年

アダム・スミス, 山岡洋一訳『国富論──国の豊かさの本質と原因についての研究』上下, 日本経済新聞社, 2007年

施光恒・黒宮一太編『ナショナリズムの政治学──規範理論への誘い』ナカニシヤ出版, 2009年

ハジュン・チャン, 田村源二訳『世界経済を破綻させる23の嘘』徳間書店, 2010年

テレーズ・デルベシュ, 中谷和男訳『野蛮の世紀』PHP研究所, 2006年

中野剛志『国力とはなにか——経済ナショナリズムの理論と政策』講談社現代新書, 2011年

中野剛志·柴山桂太『グローバル恐慌の真相』集英社新書, 2011年

中野剛志·柴山桂太ほか『成長なき時代の「国家」を構想する——経済政策のオルタナティブ·ヴィジョン』ナカニシヤ出版, 2010年

日本統計協会編『日本長期統計総覧』全五巻, 日本統計協会, 2006年

野村総合研究所『公務員数の国際比較に関する調査』2005年

フリードリッヒ· A. フォン·ハイエク, 八木紀一郎ほか訳『思想史論集』(ハイエク全集2期第7巻) 春秋社, 2009年

グナル·ハインゾーン, 猪股和夫訳『自爆する若者たち——人口学が警告する驚愕の未来』新潮社, 2008年

スザンヌ·バーガーほか, 楡井浩一訳『MITチームの調査研究によるグローバル企業の成功戦略』草思社, 2006年

ロバート·D. パットナム, 柴内康文訳『孤独なボウリング——米国コミュニティの崩壊と再生』柏書房, 2006年

ウィリアム·バーンスタイン, 徳川家広訳『「豊かさ」の誕生——成長と発展の文明史』日本経済新聞社, 2006年

ジョン·リチャード·ヒックス, 新保博·渡辺文夫訳『経済史の理論』講談社学術文庫, 1995年

ニーアル·ファーガソン, 仙名紀訳『憎悪の世紀——なぜ20 世紀は世界的殺戮の場となったのか』上下, 早川書房, 2007年

フランシス·フクヤマ, 渡部昇一訳『歴史の終り』上下, 三笠書房, 1992年

藤井聡『救国のレジリエンス——「列島強靭化」でGDP900兆円の日本が生まれる』講談社, 2012年

トーマス·フリードマン, 東江一紀·服部清美訳『レクサスとオリーブの木——グローバリゼーションの正体』上下, 草思社, 2000年

トーマス・フリードマン, 伏見威蕃訳『フラット化する世界—経済の大転換と人間の未来(増補改訂版)』上下, 日本経済新聞出版社, 2008年

ミルトン・フリードマン, 村井章子訳『資本主義と自由』日経BP社, 2008年

イアン・ブレマー, 有賀裕子訳『自由市場の終焉—国家資本主義とどう闘うか』日本経済新聞出版社, 2011年

イアン・ブレマー, ノリエル・ルービニ「金融危機が出現させた Gゼロの世界—主導国なき世界経済は相互依存からゼロサムへ」『フォーリン・アフェアズ・リポート日本語版』2011年3月号

カール・ポラニー, 野口建彦・栖原学訳『新訳 大転換』東洋経済新報社, 2009年

アンガス・マディソン, 金森久雄ほか訳『経済統計で見る世界経済2000年史』柏書房, 2004年

ジョン・J.ミアシャイマー, 奥山真司訳『大国政治の悲劇—米中は必ず衝突する!』五月書房, 2004年

御厨貴・中村隆英編『聞き手 宮澤喜一回顧録』岩波書店, 2005年

みずほ総合研究所「高まる保護主義的措置の広がりへの懸念」『みずほ政策インサイト』2009年2月4日

ハイマン・ミンスキー, 岩佐代市訳『投資と金融—資本主義経済の不安定性』日本経済評論社, 1998年

ロバート・B.ライシュ. 雨宮寛・今井章子訳『暴走する資本主義』東洋経済新報社, 2008年

ラグラム・ラジャン, 伏見威蕃・月沢李歌子訳『フォールト・ラインズ —「大断層」が金融危機を再び招く』新潮社, 2011年

マルク・レビンソン, 村井章子訳『コンテナ物語—世界を変えたのは発明だった』日経BP社, 2007年

Paul Bairoch, *Economics and World History: Myths and Paradoxes*, The University of Chicago Press, 1995

Richard E. Baldwin and Philippe Martin, "Two Waves of Globalization: SuperFicial Similarities, Fundermental Differences", *NBER Working Paper*, No.6904, 1999

Michael D. Bordo, Barry Eichengreen and Douglas A. Irwin, "Is Globalization Today Really Different than Globalization a Hundred Years Ago?", *NBER Working Paper*, No.7195, 1999

Michael D. Bordo, Alan M. Taylor and Jeffrey G. Williamson edit., *Globalization in Historical Perspective (A National Bereau of Economic Research Conference Report)*, The University of Chicago Press, 2005

Stephen Broadberry and Kevin H. O'Rourke edit., *The Cambridge Economic History of Modern Europe, Volume 2, 1870 to the Present*, Cambridge University Press, 2010

Gordon Brown, "Take Back the Future", *Newsweek*, May 15, 2011

David R. Cameron, "The Expansion of the Public Economy: A Comparative Analysis", *The American Political Science Review*, Vol.72, No.4, 1978

Susan B. Cartier et al. edit., *The Historical Statistics of the United States*, Cambridge University Press, 2006

J. Bradford Delong , comments by Richard N. Cooper and Benjamin M. Friedman, "Financial Crises in the 1890s and the 1990s Must History Repeat?", *Brookings Papers on Economic Activity*, No.2, 1999

Barry Eichengreen and Michael D. Bordo, "Crises Now and Then: What Lessons from the Last Era of Financial Globalization", *NBER working Paper*, No.8716, 2002

Niall Fergurson, *The Cash Nexus: Economics and Politics from the Age of Warfare through the Age of Welfare, 1700–2000*, Basic Books, 2001

Peter Alexis Gourevitch, *Politics in Hard Times: Comparative Responses to International Economic Crises*, Cornell University Press, 1986

Dafine Halikiopoulou and Sofia Vasilopoulou edit., *Nationalism and Globalisation: Conflicting or Complementary?*, Routledge , 2011

Ethan Ilzetzki, Enrique G. Mendoza and Carlos A. Vegh, "How Big are Fiscal Multipliers?", *Policy Insight*, No.39, 2009

Harold James, *The Creation and Destruction of Value: The Globalization* Cycle, Harvard University Press, 2009

John Maynard Keynes, edited by Elizabeth Johnson and Donald Moggridge, *The Collected Writings of John Maynard Keynes, Volume21, Activities 1931−1939, World Crises and Policies in Britain and America*, Cambridge University Press, 1982

James Macdonald, *A Free Nation Deep in Debt: The Financial Roots of Democracy*, Farrar, Strauss and Giroux, 2003

Maurice Obstfeld and Alan M. Taylor, *Global Capital Markets: Integration, Crisis, and Growth*, Cambridge University Press, 2004

Kevin H. O'Rourke and Jefferey G. Williamson, *Globalization and History: The Evolution of a Nineteenth−Century Atlantic Economy*, The MIT Press, 2001

James Richards, *Currency Wars: The Making of the Next Global Crisis*, Portfolio, 2011

Dani Rodrick, *The Globalization Paradox: Democracy and the Future of the World Economy*, W. W. Norton & Co., Inc., 2011

Dani Rodrick, "Why Do More Open Economies Have Bigger Governments?", *Journal of Political Economy*, Vol.106, No.5, 1998

John Gerard Ruggie, "International Regimes, Transactions, and Change: Embedded Liberalism in the Postwar Economic Order", *International Organization*, Volume 36, Issue 2, 1982

Martin Wolf, *Why Globalization Works*, Yale University Press, 2004